BRITISH ENGLIS

ENGLISH
ROMANIAN

THEME-BASED
DICTIONARY

Contains over 3000 commonly
used words

T&P BOOKS PUBLISHING

Theme-based dictionary British English-Romanian - 3000 words
British English collection

By Andrey Taranov

T&P Books vocabularies are intended for helping you learn, memorize and review foreign words. The dictionary is divided into themes, covering all major spheres of everyday activities, business, science, culture, etc.

The process of learning words using T&P Books' theme-based dictionaries gives you the following advantages:

- Correctly grouped source information predetermines success at subsequent stages of word memorization
- Availability of words derived from the same root allowing memorization of word units (rather than separate words)
- Small units of words facilitate the process of establishing associative links needed for consolidation of vocabulary
- Level of language knowledge can be estimated by the number of learned words

T&P Books Publishing
www.tpbooks.com

ISBN: 978-1-78400-210-7

This book is also available in E-book formats.
Please visit www.tpbooks.com or the major online bookstores.

ROMANIAN THEME-BASED DICTIONARY
British English collection

T&P Books vocabularies are intended to help you learn, memorize, and review foreign words. The vocabulary contains over 3000 commonly used words arranged thematically.

- Vocabulary contains the most commonly used words
- Recommended as an addition to any language course
- Meets the needs of beginners and advanced learners of foreign languages
- Convenient for daily use, revision sessions, and self-testing activities
- Allows you to assess your vocabulary

Special features of the vocabulary

- Words are organized according to their meaning, not alphabetically
- Words are presented in three columns to facilitate the reviewing and self-testing processes
- Words in groups are divided into small blocks to facilitate the learning process
- The vocabulary offers a convenient and simple transcription of each foreign word

The vocabulary has 101 topics including:

Basic Concepts, Numbers, Colors, Months, Seasons, Units of Measurement, Clothing & Accessories, Food & Nutrition, Restaurant, Family Members, Relatives, Character, Feelings, Emotions, Diseases, City, Town, Sightseeing, Shopping, Money, House, Home, Office, Working in the Office, Import & Export, Marketing, Job Search, Sports, Education, Computer, Internet, Tools, Nature, Countries, Nationalities and more ...

TABLE OF CONTENTS

PRONUNCIATION GUIDE

Letter	Romanian example	T&P phonetics alphabet	English example

Vowels

Letter	Romanian example	T&P phonetics alphabet	English example
A a	apă	[a]	shorter than in ask
Ă ă	fără	[ə]	driver, teacher
Â â	atât	[ɪ]	big, America
E e	elev	[e]	elm, medal
I i	idol	[i]	shorter than in feet
I i	iod	[j]	yes, New York
I i [1]	marţi	[j]	yes, New York
I i [2]	a vorbi	[i]	shorter than in feet
Î î	înapoi	[ɪ]	big, America
O o	om	[o]	pod, John
U u	umor	[u]	book

Consonants

Letter	Romanian example	T&P phonetics alphabet	English example
B b	bomboană	[b]	baby, book
C c [3]	cheie	[k]	clock, kiss
C c [4]	cioară	[tʃ]	church, French
D d	drum	[d]	day, doctor
F f	foarfece	[f]	face, food
G g [5]	ghem	[g]	game, gold
G g [6]	geniu	[dʒ]	joke, general
H h	heliu	[h]	huge, hat
J j	joc	[ʒ]	forge, pleasure
K k	kiwi	[k]	clock, kiss
L l	lună	[l]	lace, people
M m	masă	[m]	magic, milk
N n	noapte	[n]	name, normal
P p	papagal	[p]	pencil, private
R r	reparaţie	[r]	rice, radio
S s	semafor	[s]	city, boss
Ş ş	şcoală	[ʃ]	machine, shark
T t	tren	[t]	tourist, trip
Ţ ţ	ţânţar	[ts]	cats, tsetse fly

Letter	Romanian example	T&P phonetics alphabet	English example
V v	vânt	[v]	very, river
X x	xenon	[ks]	box, taxi
Z z	zi	[z]	zebra, please

Combinations of letters

ce	cec	[ʧe]	cherry
ci	cină	[ʧi:]	cheese
che	chenar	[ke]	kettle, careful
chi	China	[ki:]	keel, greed
ge	ger	[ʤe]	to reject, jelly
gi	gingaş	[ʤi:]	jam, gin
ghe	ghete	[ge]	get, guest
ghi	ghiocel	[gɪ]	gear, gift

Comments

* Letters Qq, Ww, Yy used in foreign words only
1 at the end of multi-syllable words i palatizes the precending consonant
2 at the end of verb infinitives, in combination ri at the end of words and
3 in combinations chi and che
4 before e and i
5 in combinations ghi and ghe
6 before e and i

ABBREVIATIONS
used in the dictionary

ab.	-	about
adj	-	adjective
adv	-	adverb
anim.	-	animate
as adj	-	attributive noun used as adjective
e.g.	-	for example
etc.	-	et cetera
fam.	-	familiar
fem.	-	feminine
form.	-	formal
inanim.	-	inanimate
masc.	-	masculine
math	-	mathematics
mil.	-	military
n	-	noun
pl	-	plural
pron.	-	pronoun
sb	-	somebody
sing.	-	singular
sth	-	something
v aux	-	auxiliary verb
vi	-	intransitive verb
vi, vt	-	intransitive, transitive verb
vt	-	transitive verb

m	-	masculine noun
f	-	feminine noun
m pl	-	masculine plural
f pl	-	feminine plural
n pl	-	neuter plural

BASIC CONCEPTS

1. Pronouns

I, me	eu	[eu]
you	tu	[tu]
he	el	[el]
she	ea	[ja]
we	noi	['noj]
you (to a group)	voi	['voj]
they (masc.)	ei (m)	['ej]
they (fem.)	ele (f)	['ele]

2. Greetings. Salutations

Hello! (fam.)	Bună ziua!	['bunə 'ziua]
Hello! (form.)	Bună ziua!	['bunə 'ziua]
Good morning!	Bună dimineața!	['bunə dimi'naʦa]
Good afternoon!	Bună ziua!	['bunə 'ziua]
Good evening!	Bună seara!	['bunə 's|ara]
to say hello	a se saluta	[a se salu'ta]
Hi! (hello)	Salut!	[sa'lut]
greeting (n)	salut (n)	[sa'lut]
to greet (vt)	a saluta	[a salu'ta]
How are you?	Ce mai faci?	[ʧe maj 'faʧ]
What's new?	Ce mai e nou?	[ʧe maj e 'nou]
Bye-Bye! Goodbye!	La revedere!	[la rewe'dere]
See you soon!	Pe curând!	[pe ku'rɨnd]
Farewell! (to a friend)	Rămâi cu bine!	[rə'mɨj ku 'bine]
Farewell (form.)	Rămâneți cu bine!	[rəmɨ'neʦ ku 'bine]
to say goodbye	a-și lua rămas bun	[aʃ lu'a rə'mas bun]
Cheers!	Pa!	[pa]
Thank you! Cheers!	Mulțumesc!	[mulʦu'mesk]
Thank you very much!	Mulțumesc mult!	[mulʦu'mesk mult]
My pleasure!	Cu plăcere	[ku plə'ʧere]
Don't mention it!	Pentru puțin	['pentru pu'ʦin]
It was nothing	Pentru puțin	['pentru pu'ʦin]
Excuse me! (fam.)	Scuză-mă!	['skuzəmə]
Excuse me! (form.)	Scuzați-mă!	[sku'zaʦimə]
to excuse (forgive)	a scuza	[a sku'za]
to apologize (vi)	a cere scuze	[a 'ʧere 'skuze]
My apologies	Cer scuze	[ʧer 'skuze]
I'm sorry!	Lertați-mă!	[er'taʦimə]

to forgive (vt)	a ierta	[a er'ta]
please (adv)	vă rog, vă rugăm	[vǝ rog], [vǝ ru'gǝm]

Don't forget!	Nu uitați!	[nu uj'taʦ]
Certainly!	Desigur!	[de'sigur]
Of course not!	Desigur ca nu!	[de'sigur kǝ nu]
Okay! (I agree)	Sunt de acord!	[sunt de a'kord]
That's enough!	Ajunge!	[a'ʒundʒe]

3. Questions

Who?	Cine?	['ʧine]
What?	Ce?	[ʧe]
Where? (at, in)	Unde?	['unde]
Where (to)?	Unde?	['unde]
Where ... from?	De unde?	[de 'unde]
When?	Când?	[kɪnd]
Why? (aim)	Pentru ce?	['pentru ʧe]
Why? (reason)	De ce?	[de ʧe]

What for?	Pentru ce?	['pentru ʧe]
How? (in what way)	Cum?	[kum]
What? (which?)	Care?	['kare]
Which?	Care?	['kare]

To whom?	Cui?	[kuj]
About whom?	Despre cine?	['despre 'ʧine]
About what?	Despre ce?	['despre ʧe]
With whom?	Cu cine?	[ku 'ʧine]

How many?	Cât? Câtă?	[kɪt 'kɪtǝ]
How much?	Câți? Câte?	[kɪʦ 'kɪte]
Whose?	Al cui?	['al kuj]
Whose? (fem.)	A cui?	[a kuj]
Whose? (pl)	Ai cui?, Ale cui?	[aj kuj 'ale kuj]

4. Prepositions

with (accompanied by)	cu	[ku]
without	fără	[fǝrǝ]
to (indicating direction)	la	[la]
about (talking ~ ...)	despre	['despre]
before (in time)	înainte de	[ɪna'inte de]
in front of ...	înaintea	[ɪna'intʲa]

under (beneath, below)	sub	[sub]
above (over)	deasupra	[dʲa'supra]
on (atop)	pe	[pe]
from (off, out of)	din	[din]
of (made from)	din	[din]
in (e.g. ~ ten minutes)	peste	['peste]
over (across the top of)	prin	[prin]

5. Function words. Adverbs. Part 1

Where? (at, in)	Unde?	['unde]
here (adv)	aici	[a'iʧ]
there (adv)	acolo	[a'kolo]

somewhere (to be)	undeva	[unde'va]
nowhere (not anywhere)	nicăieri	[nikə'erʲ]

by (near, beside)	lângă ...	['lɪŋə]
by the window	lângă fereastră	['lɪŋə fe'rʲastrə]

Where (to)?	Unde?	['unde]
here (e.g. come ~!)	aici	[a'iʧ]
there (e.g. to go ~)	acolo	[a'kolo]
from here (adv)	de aici	[de a'iʧ]
from there (adv)	de acolo	[de a'kolo]

close (adv)	aproape	[apro'ape]
far (adv)	departe	[de'parte]

near (e.g. ~ Paris)	alături	[a'ləturʲ]
nearby (adv)	alături	[a'ləturʲ]
not far (adv)	aproape	[apro'ape]

left (adj)	stâng	[stɪŋ]
on the left	din stânga	[din 'stɪŋa]
to the left	la, în stânga	[la] / [ɪn 'stɪŋa]

right (adj)	drept	[drept]
on the right	din dreapta	[din 'drʲapta]
to the right	la, în dreapta	[la] / [ɪn 'drʲapta]

in front (adv)	în față	[ɪn 'faʦə]
front (as adj)	din față	[din 'faʦə]
ahead (in space)	înainte	[ɪna'inte]

behind (adv)	în urmă	[ɪn 'urmə]
from behind	din spate	[din 'spate]
back (towards the rear)	înapoi	[ɪna'poj]

middle	mijloc (n)	['miʒlok]
in the middle	la mijloc	[la 'miʒlok]

at the side	dintr-o parte	['dintro 'parte]
everywhere (adv)	peste tot	['peste tot]
around (in all directions)	în jur	[ɪn ʒur]

from inside	dinăuntru	[dinə'untru]
somewhere (to go)	undeva	[unde'va]
straight (directly)	direct	[di'rekt]
back (e.g. come ~)	înapoi	[ɪna'poj]

from anywhere	de undeva	[de unde'va]
from somewhere	de undeva	[de unde'va]

firstly (adv)	în primul rând	[ɪn 'primul rɪnd]
secondly (adv)	în al doilea rând	[ɪn al 'dojʎa rɪnd]
thirdly (adv)	în al treilea rând	[ɪn al 'trejʎa rɪnd]

suddenly (adv)	deodată	[deo'datə]
at first (adv)	la început	[la ɪntʃe'put]
for the first time	prima dată	['prima 'datə]
long before ...	cu mult timp înainte de ...	[ku mult timp ɪna'inte de]
anew (over again)	din nou	[din 'nou]
for good (adv)	pentru totdeauna	['pentru totdˈa'una]

never (adv)	niciodată	[nitʃo'datə]
again (adv)	iarăşi	['jarəʃ]
now (adv)	acum	[a'kum]
often (adv)	des	[des]
then (adv)	atunci	[a'tuntʃ]
urgently (quickly)	urgent	[ur'dʒent]
usually (adv)	de obicei	[de obi'tʃej]

by the way, ...	apropo	[apro'po]
possible (that is ~)	posibil	[po'sibil]
probably (adv)	probabil	[pro'babil]
maybe (adv)	poate	[po'ate]
besides ...	în afară de aceasta, ...	[ɪn a'farə de a'tʃasta]
that's why ...	de aceea	[de a'tʃeja]
in spite of ...	deşi ...	[de'ʃi]
thanks to ...	datorită ...	[dato'ritə]

what (pron.)	ce	[tʃe]
that	că	[kə]
something	ceva	[tʃe'va]
anything (something)	ceva	[tʃe'va]
nothing	nimic	[ni'mik]

who (pron.)	cine	['tʃine]
someone	cineva	[tʃine'va]
somebody	cineva	[tʃine'va]

nobody	nimeni	['nimeɲ]
nowhere (a voyage to ~)	nicăieri	[nikə'erˈ]
nobody's	al nimănui	[al nimə'nuj]
somebody's	al cuiva	[al kuj'va]

so (I'm ~ glad)	aşa	[a'ʃa]
also (as well)	de asemenea	[de a'semeɲa]
too (as well)	la fel	[la fel]

6. Function words. Adverbs. Part 2

Why?	De ce?	[de tʃe]
for some reason	nu se ştie de ce	[nu se 'ʃtie de tʃe]
because ...	pentru că ...	['pentru kə]
for some purpose	cine ştie pentru ce	['tʃine 'ʃtie 'pentru tʃe]
and	şi	[ʃi]

or	sau	['sau]
but	dar	[dar]
for (e.g. ~ me)	pentru	['pentru]

too (excessively)	prea	[pr'a]
only (exclusively)	numai	['numaj]
exactly (adv)	exact	[ek'zakt]
about (more or less)	vreo	['vrəo]

approximately (adv)	aproximativ	[aproksima'tiv]
approximate (adj)	aproximativ	[aproksima'tiv]
almost (adv)	aproape	[apro'ape]
the rest	restul	['restul]

each (adj)	fiecare	[fie'kare]
any (no matter which)	oricare	[orˈ'kare]
many, much (a lot of)	mult	[mult]
many people	mulți	[mulʦ]
all (everyone)	toți	[toʦ]

in exchange for ...	în schimb la ...	[ɪn 'skimb la]
in exchange (adv)	în schimbul	[ɪn 'skimbul]
by hand (made)	manual	[manu'al]
hardly (negative opinion)	puțin probabil	[puˈʦin pro'babil]

probably (adv)	probabil	[pro'babil]
on purpose (adv)	intenționat	[intentsio'nat]
by accident (adv)	întâmplător	[ɪntɪmplə'tor]

very (adv)	foarte	[fo'arte]
for example (adv)	de exemplu	[de ek'zemplu]
between	între	['ɪntre]
among	printre	['printre]
so much (such a lot)	atât	[a'tɪt]
especially (adv)	mai ales	[maj a'les]

NUMBERS. MISCELLANEOUS

7. Cardinal numbers. Part 1

0 zero	zero	['zero]
1 one	unu	['unu]
2 two	doi	[doj]
3 three	trei	[trej]
4 four	patru	['patru]
5 five	cinci	[ʧinʧ]
6 six	şase	['ʃase]
7 seven	şapte	['ʃapte]
8 eight	opt	[opt]
9 nine	nouă	['nouə]
10 ten	zece	['zeʧe]
11 eleven	unsprezece	['unsprezeʧe]
12 twelve	doisprezece	['dojsprezeʧe]
13 thirteen	treisprezece	['trejsprezeʧe]
14 fourteen	paisprezece	['pajsprezeʧe]
15 fifteen	cincisprezece	['ʧinʧsprezeʧe]
16 sixteen	şaisprezece	['ʃajsprezeʧe]
17 seventeen	şaptesprezece	['ʃaptesprezeʧe]
18 eighteen	optsprezece	['optsprezeʧe]
19 nineteen	nouăsprezece	['nouəsprezeʧe]
20 twenty	douăzeci	[douə'zeʧ]
21 twenty-one	douăzeci şi unu	[douə'zeʧ ʃi 'unu]
22 twenty-two	douăzeci şi doi	[douə'zeʧ ʃi doj]
23 twenty-three	douăzeci şi trei	[douə'zeʧ ʃi trej]
30 thirty	treizeci	[trej'zeʧ]
31 thirty-one	treizeci şi unu	[trej'zeʧ ʃi 'unu]
32 thirty-two	treizeci şi doi	[trej'zeʧ ʃi doj]
33 thirty-three	treizeci şi trei	[trej'zeʧ ʃi trej]
40 forty	patruzeci	[patru'zeʧ]
41 forty-one	patruzeci şi unu	[patru'zeʧ ʃi 'unu]
42 forty-two	patruzeci şi doi	[patru'zeʧ ʃi doj]
43 forty-three	patruzeci şi trei	[patru'zeʧ ʃi trej]
50 fifty	cincizeci	[ʧinʧ'zeʧ]
51 fifty-one	cincizeci şi unu	[ʧinʧ'zeʧ ʃi 'unu]
52 fifty-two	cincizeci şi doi	[ʧinʧ'zeʧ ʃi doj]
53 fifty-three	cincizeci şi trei	[ʧinʧ'zeʧ ʃi trej]
60 sixty	şaizeci	[ʃaj'zeʧ]
61 sixty-one	şaizeci şi unu	[ʃaj'zeʧ ʃi 'unu]

| 62 sixty-two | şaizeci şi doi | [ʃajˈzetʃ ʃi doj] |
| 63 sixty-three | şaizeci şi trei | [ʃajˈzetʃ ʃi trej] |

70 seventy	şaptezeci	[ʃapteˈzetʃ]
71 seventy-one	şaptezeci şi unu	[ʃapteˈzetʃ ʃi ˈunu]
72 seventy-two	şaptezeci şi doi	[ʃapteˈzetʃ ʃi doj]
73 seventy-three	şaptezeci şi trei	[ʃapteˈzetʃ ʃi trej]

80 eighty	optzeci	[optˈzetʃ]
81 eighty-one	optzeci şi unu	[optˈzetʃ ʃi ˈunu]
82 eighty-two	optzeci şi doi	[optˈzetʃ ʃi doj]
83 eighty-three	optzeci şi trei	[optˈzetʃ ʃi trej]

90 ninety	nouăzeci	[nouəˈzetʃ]
91 ninety-one	nouăzeci şi unu	[nouəˈzetʃ ʃi ˈunu]
92 ninety-two	nouăzeci şi doi	[nouəˈzetʃ ʃi doj]
93 ninety-three	nouăzeci şi trei	[nouəˈzetʃ ʃi trej]

8. Cardinal numbers. Part 2

100 one hundred	o sută	[o ˈsutə]
200 two hundred	două sute	[ˈdouə ˈsute]
300 three hundred	trei sute	[trej ˈsute]
400 four hundred	patru sute	[ˈpatru ˈsute]
500 five hundred	cinci sute	[tʃintʃ ˈsute]

600 six hundred	şase sute	[ˈʃase ˈsute]
700 seven hundred	şapte sute	[ˈʃapte ˈsute]
800 eight hundred	opt sute	[opt ˈsute]
900 nine hundred	nouă sute	[ˈnouə ˈsute]

1000 one thousand	o mie	[o ˈmie]
2000 two thousand	două mii	[ˈdouə mij]
3000 three thousand	trei mii	[trej mij]
10000 ten thousand	zece mii	[ˈzetʃe mij]
one hundred thousand	o sută de mii	[o ˈsutə de mij]
million	milion (n)	[miliˈon]
billion	miliard (n)	[miliˈard]

9. Ordinal numbers

first (adj)	primul	[ˈprimul]
second (adj)	al doilea	[al ˈdojʎa]
third (adj)	al treilea	[al ˈtrejʎa]
fourth (adj)	al patrulea	[al ˈpatruʎa]
fifth (adj)	al cincilea	[al ˈtʃintʃiʎa]

sixth (adj)	al şaselea	[al ˈʃaseʎa]
seventh (adj)	al şaptelea	[al ˈʃapteʎa]
eighth (adj)	al optulea	[al ˈoptuʎa]
ninth (adj)	al nouălea	[al ˈnouəʎa]
tenth (adj)	al zecelea	[al ˈzetʃeʎa]

COLORS. UNITS OF MEASUREMENT

10. Colours

colour	culoare (f)	[kulo'are]
shade (tint)	nuanţă (f)	[nu'antsə]
hue	ton (n)	[ton]
rainbow	curcubeu (n)	[kurku'beu]
white (adj)	alb	[alb]
black (adj)	negru	['negru]
grey (adj)	sur	['sur]
green (adj)	verde	['werde]
yellow (adj)	galben	['galben]
red (adj)	roşu	['roʃu]
blue (adj)	albastru închis	[al'bastru ɪ'ŋkis]
light blue (adj)	albastru deschis	[al'bastru des'kis]
pink (adj)	roz	['roz]
orange (adj)	portocaliu	[portoka'liu]
violet (adj)	violet	[wio'let]
brown (adj)	cafeniu	[kafe'niu]
golden (adj)	de culoarea aurului	[de kulo'arʲa 'auruluj]
silvery (adj)	argintiu	[ardʒin'tiu]
beige (adj)	bej	[beʒ]
cream (adj)	crem	[krem]
turquoise (adj)	turcoaz	[turko'az]
cherry red (adj)	vişiniu	[wiʃi'niu]
lilac (adj)	lila	[li'la]
crimson (adj)	de culoarea zmeurei	[de kulo'arʲa 'zmeurej]
light (adj)	de culoare deschisă	[de kulo'are des'kisə]
dark (adj)	de culoare închisă	[de kulo'are ɪ'ŋkisə]
bright (adj)	aprins	[ap'rins]
coloured (pencils)	colorat	[kolo'rat]
colour (e.g. ~ film)	color	[ko'lor]
black-and-white (adj)	alb-negru	['alb 'negru]
plain (one colour)	monocrom	[monok'rom]
multicoloured (adj)	multicolor	[multiko'lor]

11. Units of measurement

weight	greutate (f)	[greu'tate]
length	lungime (f)	[lun'dʒime]

width	lățime (f)	[ləˈtsime]
height	înălțime (f)	[ɪnəlˈtsime]
depth	adâncime (f)	[adɪnˈtʃime]
volume	volum (n)	[voˈlum]
area	suprafață (f)	[supraˈfatsə]

gram	gram (n)	[gram]
milligram	miligram (n)	[miligˈram]
kilogram	kilogram (n)	[kilogˈram]
ton	tonă (f)	[ˈtonə]
pound	funt (m)	[funt]
ounce	uncie (f)	[ˈuntʃie]

metre	metru (m)	[ˈmetru]
millimetre	milimetru (m)	[miliˈmetru]
centimetre	centimetru (m)	[tʃentiˈmetru]
kilometre	kilometru (m)	[kiloˈmetru]
mile	milă (f)	[ˈmilə]

inch	țol (m)	[tsol]
foot	picior (m)	[piˈtʃor]
yard	yard (m)	[jard]

square metre	metru (m) pătrat	[ˈmetru pətˈrat]
hectare	hectar (n)	[hekˈtar]

litre	litru (m)	[ˈlitru]
degree	grad (n)	[grad]
volt	volt (m)	[volt]
ampere	amper (m)	[amˈper]
horsepower	cal-putere (m)	[kal puˈtere]

quantity	cantitate (f)	[kantiˈtate]
a little bit of ...	puțin ...	[puˈtsin]
half	jumătate (f)	[ʒuməˈtate]
dozen	duzină (f)	[duˈzinə]
piece (item)	bucată (f)	[buˈkatə]

size	dimensiune (f)	[dimensiˈune]
scale (map ~)	proporție (f)	[proˈportsie]

minimum (adj)	minim	[ˈminim]
the smallest (adj)	cel mai mic	[ˈtʃel maj mik]
medium (adj)	de, din mijloc	[de] / [din ˈmiʒlok]
maximum (adj)	maxim	[ˈmaksim]
the largest (adj)	cel mai mare	[tʃel maj ˈmare]

12. Containers

jar (glass)	borcan (n)	[borˈkan]
tin, can	cutie (f)	[kuˈtie]
bucket	găleată (f)	[gəˈʎatə]
barrel	butoi (n)	[buˈtoj]
basin (for washing)	lighean (n)	[liˈgʲan]

19

tank (for liquid, gas)	rezervor (n)	[rezer'vor]
hip flask	damigeană (f)	[dami'dʒʲanə]
jerrycan	canistră (f)	[ka'nistrə]
cistern (tank)	cisternă (f)	[ʧis'ternə]

mug	cană (f)	['kanə]
cup (of coffee, etc.)	ceaşcă (f)	['ʧaʃkə]
saucer	farfurioară (f)	[farfurio'arə]
glass (tumbler)	pahar (n)	[pa'har]
glass (~ of vine)	cupă (f)	['kupə]
stew pot	cratiţă (f)	['kratiʦə]

bottle (~ of wine)	sticlă (f)	['stiklə]
neck (of the bottle)	gâtul (n) sticlei	['gɪtul 'stiklej]

carafe	garafă (f)	[ga'rafə]
jug (earthenware)	ulcior (n)	[ul'ʧor]
vessel (container)	vas (n)	[vas]
pot (crock)	oală (f)	[o'alə]
vase	vază (f)	['vazə]

bottle (~ of perfume)	flacon (n)	[fla'kon]
vial, small bottle	sticluţă (f)	[stik'luʦə]
tube (of toothpaste)	tub (n)	[tub]

sack (bag)	sac (m)	[sak]
bag (paper ~, plastic ~)	pachet (n)	[pa'ket]
packet (of cigarettes, etc.)	pachet (n)	[pa'ket]

box (e.g. shoebox)	cutie (f)	[ku'tie]
crate	ladă (f)	['ladə]
basket	coş (n)	[koʃ]

MAIN VERBS

13. The most important verbs. Part 1

to advise (vt)	a sfătui	[a sfətu'i]
to agree (say yes)	a fi de acord	[a fi de a'kord]
to answer (vi, vt)	a răspunde	[a rəs'punde]

to apologize (vi)	a cere scuze	[a 'ʧere 'skuze]
to arrive (vi)	a sosi	[a so'si]
to ask (~ oneself)	a întreba	[a ɪntre'ba]
to ask (~ sb to do sth)	a cere	[a 'ʧere]

to be (vi)	a fi	[a fi]
to be afraid	a se teme	[a se 'teme]
to be hungry	a fi foame	[a fi fo'ame]
to be interested in ...	a se interesa	[a se intere'sa]
to be needed	a fi necesar	[a fi neʧe'sar]
to be surprised	a se mira	[a se mi'ra]
to be thirsty	a fi sete	[a fi 'sete]

to begin (vt)	a începe	[a ɪn'ʧepe]
to belong to ...	a aparține	[a apar'tsine]
to boast (vi)	a se lăuda	[a se ləu'da]
to break (split into pieces)	a rupe	[a 'rupe]

to call (for help)	a chema	[a ke'ma]
can (v aux)	a putea	[a pu'tʲa]
to catch (vt)	a prinde	[a 'prinde]

to change (vt)	a schimba	[a skim'ba]
to choose (select)	a alege	[a a'ledʒe]

to come down	a coborî	[a kobo'rɪ]
to come in (enter)	a intra	[a int'ra]

to compare (vt)	a compara	[a kompa'ra]
to complain (vi, vt)	a se plânge	[a se 'plɪndʒe]

to confuse (mix up)	a încurca	[a ɪŋkur'ka]
to continue (vt)	a continua	[a kontinu'a]
to control (vt)	a controla	[a kontro'la]

to cook (dinner)	a găti	[a gə'ti]
to cost (vt)	a costa	[a kos'ta]

to count (add up)	a calcula	[a kalku'la]
to count on ...	a conta pe...	[a kon'ta pe]
to create (vt)	a crea	[a kre'a]
to cry (weep)	a plânge	[a 'plɪndʒe]

14. The most important verbs. Part 2

to deceive (vi, vt)	a minţi	[a min'tsi]
to decorate (tree, street)	a împodobi	[a ımpodo'bi]
to defend (a country, etc.)	a apăra	[a apə'ra]
to demand (request firmly)	a cere	[a 'ʧere]
to dig (vt)	a săpa	[a sə'pa]
to discuss (vt)	a discuta	[a disku'ta]
to do (vt)	a face	[a 'faʧe]
to doubt (have doubts)	a se îndoi	[a se ındo'i]
to drop (let fall)	a scăpa	[a skə'pa]
to exist (vi)	a exista	[a ekzis'ta]
to expect (foresee)	a prevedea	[a preweˈdʲa]
to explain (vt)	a explica	[a ekspli'ka]
to fall (vi)	a cădea	[a kəˈdʲa]
to fancy (vt)	a plăcea	[a pləˈʧa]
to find (vt)	a găsi	[a gə'si]
to finish (vt)	a termina	[a termi'na]
to fly (vi)	a zbura	[a zbu'ra]
to follow ... (come after)	a urma	[a ur'ma]
to forget (vi, vt)	a uita	[a uj'ta]
to forgive (vt)	a ierta	[a er'ta]
to give (vt)	a da	[a da]
to give a hint	a face aluzie	[a 'faʧe a'luzie]
to go (on foot)	a merge	[a 'merdʒe]
to go for a swim	a se scălda	[a se skəl'da]
to go out (from ...)	a ieşi	[a e'ʃi]
to guess right	a ghici	[a gi'ʧi]
to have (vt)	a avea	[a aˈvʲa]
to have breakfast	a lua micul dejun	[a lu'a 'mikul de'ʒun]
to have dinner	a cina	[a ʧi'na]
to have lunch	a lua prânzul	[a lu'a 'prınzul]
to hear (vt)	a auzi	[a au'zi]
to help (vt)	a ajuta	[a aʒu'ta]
to hide (vt)	a ascunde	[a as'kunde]
to hope (vi, vt)	a spera	[a spe'ra]
to hunt (vi, vt)	a vâna	[a vı'na]
to hurry (vi)	a se grăbi	[a se grə'bi]

15. The most important verbs. Part 3

to inform (vt)	a informa	[a infor'ma]
to insist (vi, vt)	a insista	[a insis'ta]
to insult (vt)	a jigni	[a ʒig'ni]
to invite (vt)	a invita	[a inwi'ta]
to joke (vi)	a glumi	[a glu'mi]

to keep (vt)	a păstra	[a pəst'ra]
to keep silent	a tăcea	[a tə'ʧa]
to kill (vt)	a omorî	[a omo'rɪ]
to know (sb)	a cunoaşte	[a kuno'aʃte]
to know (sth)	a şti	[a ʃti]

to laugh (vi)	a râde	[a 'rɪde]
to liberate (city, etc.)	a elibera	[a elibe'ra]
to look for ... (search)	a căuta	[a kəu'ta]
to love (sb)	a iubi	[a ju'bi]

to make a mistake	a greşi	[a gre'ʃi]
to manage, to run	a conduce	[a kon'duʧe]
to mean (signify)	a însemna	[a ɪnsem'na]
to mention (talk about)	a menţiona	[a mentsio'na]
to miss (school, etc.)	a lipsi	[a lip'si]
to notice (see)	a observa	[a obser'va]

to object (vi, vt)	a contrazice	[a kontra'ziʧe]
to observe (see)	a observa	[a obser'va]
to open (vt)	a deschide	[a des'kide]
to order (meal, etc.)	a comanda	[a koman'da]
to order (mil.)	a ordona	[a ordo'na]
to own (possess)	a poseda	[a pose'da]

to participate (vi)	a participa	[a partiʧi'pa]
to pay (vi, vt)	a plăti	[a plə'ti]
to permit (vt)	a permite	[a per'mite]
to plan (vt)	a planifica	[a planifi'ka]
to play (children)	a juca	[a ʒu'ka]
to pray (vi, vt)	a se ruga	[a se ru'ga]
to prefer (vt)	a prefera	[a prefe'ra]

to promise (vt)	a promite	[a pro'mite]
to pronounce (vt)	a pronunţa	[a pronun'tsa]
to propose (vt)	a propune	[a pro'pune]
to punish (vt)	a pedepsi	[a pedep'si]
to read (vi, vt)	a citi	[a ʧi'ti]
to recommend (vt)	a recomanda	[a rekoman'da]

to refuse (vi, vt)	a refuza	[a refu'za]
to regret (be sorry)	a regreta	[a regre'ta]
to rent (sth from sb)	a închiria	[a ɪŋkiri'ja]
to repeat (say again)	a repeta	[a repe'ta]
to reserve, to book	a rezerva	[a rezer'va]
to run (vi)	a alerga	[a aler'ga]

16. The most important verbs. Part 4

to save (rescue)	a salva	[a sal'va]
to say (~ thank you)	a spune	[a 'spune]
to scold (vt)	a certa	[a ʧer'ta]
to see (vt)	a vedea	[a we'd'a]
to sell (vt)	a vinde	[a 'winde]

to send (vt)	a trimite	[a tri'mite]
to shoot (vi)	a trage	[a 'tradʒe]
to shout (vi)	a striga	[a stri'ga]
to show (vt)	a arăta	[a arə'ta]

to sign (document)	a semna	[a sem'na]
to sit down (vi)	a se aşeza	[a se aʃə'za]
to smile (vi)	a zâmbi	[a zɪm'bi]
to speak (vi, vt)	a vorbi	[a vor'bi]

to steal (money, etc.)	a fura	[a fu'ra]
to stop (cease)	a înceta	[a antʃe'ta]
to stop (for pause, etc.)	a se opri	[a se op'ri]
to study (vt)	a studia	[a studi'a]
to swim (vi)	a înota	[a ɪno'ta]

to take (vt)	a lua	[a lu'a]
to think (vi, vt)	a se gândi	[a se gɪn'di]
to threaten (vt)	a ameninţa	[a amenin'tsa]
to touch (by hands)	a atinge	[a a'tindʒe]
to translate (vt)	a traduce	[a tra'dutʃe]
to trust (vt)	a avea încredere	[a a'vʲa ɪŋk'redere]
to try (attempt)	a încerca	[a ɪntʃer'ka]
to turn (~ to the left)	a întoarce	[a ɪnto'artʃe]

to underestimate (vt)	a subaprecia	[a subapretʃi'a]
to understand (vt)	a înţelege	[a ɪntse'ledʒe]
to unite (vt)	a uni	[a u'ni]
to wait (vt)	a aştepta	[a aʃtep'ta]
to want (wish, desire)	a vrea	[a vrʲa]
to warn (vt)	a avertiza	[a awerti'za]
to work (vi)	a lucra	[a luk'ra]
to write (vt)	a scrie	[a 'skrie]
to write down	a nota	[a no'ta]

TIME. CALENDAR

17. Weekdays

Monday	luni (f)	[luɲ]
Tuesday	marţi (f)	['marts]
Wednesday	miercuri (f)	['merkurʲ]
Thursday	joi (f)	[ʒoj]
Friday	vineri (f)	['winerʲ]
Saturday	sâmbătă (f)	['sɪmbətə]
Sunday	duminică (f)	[du'minikə]

today (adv)	astăzi	['astəzʲ]
tomorrow (adv)	mâine	['mɪne]
the day after tomorrow	poimâine	[poj'mɪne]
yesterday (adv)	ieri	[erʲ]
the day before yesterday	alaltăieri	[a'laltəerʲ]

day	zi (f)	[zi]
working day	zi (f) de lucru	[zi de 'lukru]
public holiday	zi (f) de sărbătoare	[zi de sərbəto'are]
day off	zi (f) liberă	[zi 'liberə]
weekend	zile (f pl) de odihnă	['zile de o'dihnə]

all day long	toată ziua	[to'atə 'ziua]
next day (adv)	a doua zi	[ɪn 'ziua urməto'are]
two days ago	cu două zile în urmă	[ku 'douə 'zile ɪn 'urmə]
the day before	în ajun	[ɪn a'ʒun]
daily (adj)	zilnic	['zilnik]
every day (adv)	în fiecare zi	[ɪn fie'kare zi]

week	săptămână (f)	[səptə'mɪnə]
last week (adv)	săptămâna trecută	[səptə'mɪna tre'kutə]
next week (adv)	săptămâna viitoare	[səptə'mɪna wi:to'are]
weekly (adj)	săptămânal	[səptəmɪ'nal]
every week (adv)	în fiecare săptămână	[ɪn fie'kare səptə'mɪnə]
twice a week	de două ori pe săptămână	[de 'douə orʲ pe səptə'mɪnə]
every Tuesday	în fiecare marţi	[ɪn fie'kare 'marts]

18. Hours. Day and night

morning	dimineaţă (f)	[dimi'ɲatsə]
in the morning	dimineaţa	[dimi'ɲatsa]
noon, midday	amiază (f)	[a'mʲazə]
in the afternoon	după masă	['dupə 'masə]

evening	seară (f)	['sʲarə]
in the evening	seara	['sʲara]

night	noapte (f)	[no'apte]
at night	noaptea	[no'aptʲa]
midnight	miezul (n) nopţii	['mezul 'noptsij]

second	secundă (f)	[se'kundə]
minute	minut (n)	[mi'nut]
hour	oră (f)	['orə]
half an hour	jumătate de oră	[ʒumə'tate de 'orə]
quarter of an hour	un sfert de oră	['un 'sfert de 'orə]
fifteen minutes	cincisprezece minute	['tʃintʃsprezetʃe mi'nute]
24 hours	o zi (f)	[o zi]

sunrise	răsărit (n)	[rəsə'rit]
dawn	zori (m pl)	[zorʲ]
early morning	zori (m pl) de zi	[zorʲ de zi]
sunset	apus (n)	[a'pus]

early in the morning	dimineaţa devreme	[dimi'ɲatsa dev'reme]
this morning	azi dimineaţă	[azʲ dimi'ɲatsə]
tomorrow morning	mâine dimineaţă	['mɨne dimi'ɲatsə]

this afternoon	această după-amiază	[a'tʃastə 'dupa ami'azə]
in the afternoon	după masă	['dupə 'masə]
tomorrow afternoon	mâine după-masă	['mɨjne 'dupə 'masə]

tonight (this evening)	astă-seară	['astə 'sʲarə]
tomorrow night	mâine seară	['mɨne 'sʲarə]

at 3 o'clock sharp	la ora trei fix	[la 'ora trej fiks]
about 4 o'clock	în jur de ora patru	[ɨn ʒur de 'ora 'patru]
by 12 o'clock	pe la ora douăsprezece	[pe la 'ora 'douəsprezetʃe]

in 20 minutes	peste douăzeci de minute	['peste douə'zetʃ de mi'nute]
in an hour	peste o oră	['peste o 'orə]
on time (adv)	la timp	[la timp]

a quarter to ...	fără un sfert	[fərə un sfert]
within an hour	în decurs de o oră	[ɨn de'kurs de o 'orə]
every 15 minutes	la fiecare cincisprezece minute	[la fie'kare 'tʃintʃsprezetʃe mi'nute]
round the clock	zi şi noapte	[zi ʃi no'apte]

19. Months. Seasons

January	ianuarie (m)	[janu'arie]
February	februarie (m)	[febru'arie]
March	martie (m)	['martie]
April	aprilie (m)	[ap'rilie]
May	mai (m)	[maj]
June	iunie (m)	['junie]

July	iulie (m)	['julie]
August	august (m)	['august]
September	septembrie (m)	[sep'tembrie]

October	octombrie (m)	[ok'tombrie]
November	noiembrie (m)	[no'embrie]
December	decembrie (m)	[de'tʃembrie]

spring	primăvară (f)	[primə'varə]
in spring	primăvara	[primə'vara]
spring (as adj)	de primăvară	[de primə'varə]

summer	vară (f)	['varə]
in summer	vara	['vara]
summer (as adj)	de vară	[de 'varə]

autumn	toamnă (f)	[to'amnə]
in autumn	toamna	[to'amna]
autumn (as adj)	de toamnă	[de to'amnə]

winter	iarnă (f)	['jarnə]
in winter	iarna	['jarna]
winter (as adj)	de iarnă	[de 'jarnə]

month	lună (f)	['lunə]
this month	în luna curentă	[ɪn 'luna ku'rentə]
next month	în luna următoare	[ɪn 'luna urməto'are]
last month	în luna trecută	[ɪn 'luna tre'kutə]

a month ago	o lună în urmă	[o 'lunə ɪn 'urmə]
in a month	peste o lună	['peste o 'lunə]
in two months	peste două luni	['peste 'douə luɲ]
a whole month	luna întreagă	['luna ɪnt'rʲagə]
all month long	o lună întreagă	[o 'lunə ɪnt'rʲagə]

monthly (~ magazine)	lunar	[lu'nar]
monthly (adv)	în fiecare lună	[ɪn fie'kare 'lunə]
every month	fiecare lună	[fie'kare 'lunə]
twice a month	de două ori pe lună	[de 'douə orʲ pe 'lunə]

year	an (m)	[an]
this year	anul acesta	['anul a'tʃesta]
next year	anul viitor	['anul wiː'tor]
last year	anul trecut	['anul tre'kut]

a year ago	acum un an	[a'kum un an]
in a year	peste un an	['peste un an]
in two years	peste doi ani	['peste doj aɲ]
a whole year	tot anul	[tot 'anul]
all year long	un an întreg	[un an ɪnt'reg]

every year	în fiecare an	[ɪn fie'kare an]
annual (adj)	anual	[anu'al]
annually (adv)	în fiecare an	[ɪn fie'kare an]
4 times a year	de patru ori pe an	[de 'patru orʲ pe an]

date (e.g. today's ~)	dată (f)	['datə]
date (e.g. ~ of birth)	dată (f)	['datə]
calendar	calendar (n)	[kalen'dar]
half a year	jumătate (f) de an	[ʒumə'tate de an]

six months	jumătate (f) de an	[ʒumə'tate de an]
season (summer, etc.)	sezon (n)	[se'zon]
century	veac (n)	[vʲak]

TRAVEL. HOTEL

20. Trip. Travel

tourism	turism (n)	[tu'rism]
tourist	turist (m)	[tu'rist]
trip, voyage	călătorie (f)	[kələto'rie]
adventure	aventură (f)	[awen'turə]
trip, journey	voiaj (n)	[vo'jaʒ]
holiday	concediu (n)	[kon'ʧediu]
to be on holiday	a fi în concediu	[a fi ɪn kon'ʧediu]
rest	odihnă (f)	[o'dihnə]
train	tren (n)	[tren]
by train	cu trenul	[ku 'trenul]
aeroplane	avion (n)	[awi'on]
by aeroplane	cu avionul	[ku awi'onul]
by car	cu automobilul	[ku automo'bilul]
by ship	cu vaporul	[ku va'porul]
luggage	bagaj (n)	[ba'gaʒ]
suitcase, luggage	valiză (f)	[va'lizə]
luggage trolley	cărucior (n) pentru bagaj	[kəru'ʧor 'pentru ba'gaʒ]
passport	paşaport (n)	[paʃa'port]
visa	viză (f)	['wizə]
ticket	bilet (n)	[bi'let]
air ticket	bilet (n) de avion	[bi'let de awi'on]
guidebook	ghid (m)	[gid]
map	hartă (f)	['hartə]
area (rural ~)	localitate (f)	[lokali'tate]
place, site	loc (n)	[lok]
exotica	exotism (n)	[ekzo'tism]
exotic (adj)	exotic	[ek'zotik]
amazing (adj)	uimitor	[ujmi'tor]
group	grup (n)	[grup]
excursion	excursie (f)	[eks'kursie]
guide (person)	ghid (m)	[gid]

21. Hotel

hotel	hotel (n)	[ho'tel]
motel	motel (n)	[mo'tel]
three-star (adj)	trei stele	[trej 'stele]

| five-star | cinci stele | ['ʧinʧ 'stele] |
| to stay (in hotel, etc.) | a se opri | [a se op'ri] |

room	cameră (f)	['kamerə]
single room	cameră pentru o persoană (n)	['kamerə 'pentru o perso'anə]
double room	cameră pentru două persoane (n)	['kamerə 'pentru 'douə perso'ane]
to book a room	a rezerva o cameră	[a rezer'va o 'kamerə]

| half board | demipensiune (f) | [demipensi'une] |
| full board | pensiune (f) | [pensi'une] |

with bath	cu baie	[ku 'bae]
with shower	cu duş	[ku duʃ]
satellite television	televiziune (f) prin satelit	[telewizi'une 'prin sate'lit]
air-conditioner	aer (n) condiţionat	['aer konditsio'nat]
towel	prosop (n)	[pro'sop]
key	cheie (f)	['ke:]

administrator	administrator (m)	[administ'rator]
chambermaid	femeie (f) de serviciu	[fe'me: de ser'wiʧu]
porter, bellboy	hamal (m)	[ha'mal]
doorman	portar (m)	[por'tar]

restaurant	restaurant (n)	[restau'rant]
pub, bar	bar (n)	[bar]
breakfast	micul dejun (n)	['mikul de'ʒun]
dinner	cină (f)	['ʧinə]
buffet	masă suedeză (f)	['masə sue'dezə]

| lobby | vestibul (n) | [westi'bul] |
| lift | lift (n) | [lift] |

| DO NOT DISTURB | NU DERANJAŢI! | [nu deran'ʒats] |
| NO SMOKING | NU FUMAŢI! | [nu fu'mats] |

22. Sightseeing

monument	monument (n)	[monu'ment]
fortress	cetate (f)	[ʧe'tate]
palace	palat (n)	[pa'lat]
castle	castel (n)	[kas'tel]
tower	turn (n)	[turn]
mausoleum	mausoleu (n)	[mauzo'leu]

architecture	arhitectură (f)	[arhitek'turə]
medieval (adj)	medieval	[medie'val]
ancient (adj)	vechi	[weki]
national (adj)	naţional	[natsio'nal]
well-known (adj)	cunoscut	[kunos'kut]

| tourist | turist (m) | [tu'rist] |
| guide (person) | ghid (m) | [gid] |

excursion	excursie (f)	[eks'kursie]
to show (vt)	a arăta	[a arə'ta]
to tell (vt)	a povesti	[a powes'ti]

to find (vt)	a găsi	[a gə'si]
to get lost	a se pierde	[a se 'pjerde]
map (e.g. underground ~)	schemă (f)	['skemə]
map (e.g. city ~)	plan (m)	[plan]

souvenir, gift	suvenir (n)	[suwe'nir]
gift shop	magazin (n) de suveniruri	[maga'zin de suwe'nirurʲ]
to take pictures	a fotografia	[a fotografi'ja]
to be photographed	a se fotografia	[a se fotografi'ja]

TRANSPORT

23. Airport

airport	aeroport (n)	[aero'port]
aeroplane	avion (n)	[awi'on]
airline	companie (f) aeriană	[kompa'nie aeri'anə]
air-traffic controller	dispecer (n)	[dis'petʃer]
departure	decolare (f)	[deko'lare]
arrival	aterizare (f)	[ateri'zare]
to arrive (by plane)	a ateriza	[a ateri'za]
departure time	ora (f) decolării	['ora dekolərij]
arrival time	ora (f) aterizării	['ora aterizərij]
to be delayed	a întârzia	[a ıntır'zija]
flight delay	întârzierea (f) zborului	[ıntırzi'erʲa 'zboruluj]
information board	panou (n)	[pa'nou]
information	informaţie (f)	[infor'matsie]
to announce (vt)	a anunţa	[a anun'tsa]
flight (e.g. next ~)	cursă (f)	['kursə]
customs	vamă (f)	['vamə]
customs officer	vameş (m)	['vameʃ]
customs declaration	declaraţie (f)	[dekla'ratsie]
to fill in the declaration	a completa declaraţia	[a komple'ta dekla'ratsija]
passport control	controlul (n) paşapoartelor	[kont'rolul paʃapo'artelor]
luggage	bagaj (n)	[ba'gaʒ]
hand luggage	bagaj (n) de mână	[ba'gaʒ de 'mınə]
Lost Luggage Desk	recuperarea bagajului	[rekupe'rarʲa ba'gaʒuluj]
luggage trolley	cărucior (n) pentru bagaj	[kəru'tʃor 'pentru ba'gaʒ]
landing	aterizare (f)	[ateri'zare]
landing strip	pistă (f) de aterizare	['pistə de ateri'zare]
to land (vi)	a ateriza	[a ateri'za]
airstairs	scară (f)	['skarə]
check-in	înregistrare (f)	[ınredʒist'rare]
check-in desk	birou (n) de înregistrare	[bi'rou de ınredʒist'rare]
to check-in (vi)	a se înregistra	[a se ınredʒist'ra]
boarding pass	număr (n) de bord	['numər de bord]
departure gate	debarcare (f)	[debar'kare]
transit	tranzit (n)	['tranzit]
to wait (vt)	a aştepta	[a aʃtep'ta]
departure lounge	sală (f) de aşteptare	['salə de aʃtep'tare]

| to see off | a conduce | [a kon'duʧe] |
| to say goodbye | a-şi lua rămas bun | [aʃ lu'a rə'mas bun] |

24. Aeroplane

aeroplane	avion (n)	[awi'on]
air ticket	bilet (n) de avion	[bi'let de awi'on]
airline	companie (f) aeriană	[kompa'nie aeri'anə]
airport	aeroport (n)	[aero'port]
supersonic (adj)	supersonic	[super'sonik]

captain	comandant (m) de navă	[koman'dant de 'navə]
crew	echipaj (n)	[eki'paʒ]
pilot	pilot (m)	[pi'lot]
stewardess	stewardesă (f)	[styar'desə]
navigator	navigator (m)	[nawiga'tor]

wings	aripi (f pl)	[a'ripʲ]
tail	coadă (f)	[ko'adə]
cockpit	cabină (f)	[ka'binə]
engine	motor (n)	[mo'tor]
undercarriage	tren (n) de aterizare	[tren de ateri'zare]
turbine	turbină (f)	[tur'binə]
propeller	elice (f)	[e'liʧe]
black box	cutie (f) neagră	[ku'tie 'ɲagrə]
control column	manşă (f)	['manʃə]
fuel	combustibil (m)	[kombus'tibil]

safety card	instrucţiune (f)	[instrukʦi'une]
oxygen mask	mască (f) cu oxigen	['maskə 'ku oksi'dʒen]
uniform	uniformă (f)	[uni'formə]
lifejacket	vestă (f) de salvare	['westə de sal'vare]
parachute	paraşută (f)	[para'ʃutə]
takeoff	decolare (f)	[deko'lare]
to take off (vi)	a decola	[a deko'la]
runway	pistă (f) de decolare	['pistə de deko'lare]

visibility	vizibilitate (f)	[wizibili'tate]
flight (act of flying)	zbor (n)	[zbor]
altitude	înălţime (f)	[ınəl'ʦime]
air pocket	gol de aer (n)	[gol de 'aer]

seat	loc (n)	[lok]
headphones	căşti (f pl)	[kəʃtʲ]
folding tray	măsuţă (f) rabatabilă	[mə'suʦə raba'tabilə]
airplane window	hublou (n)	[hub'lou]
aisle	trecere (f)	['treʧere]

25. Train

| train | tren (n) | [tren] |
| suburban train | tren (n) electric | ['tren e'lektrik] |

fast train	tren (n) accelerat	['tren aktʃele'rat]
diesel locomotive	locomotivă (f) cu motor diesel	[lokomo'tivə ku mo'tor 'dizel]
steam engine	locomotivă (f)	[lokomo'tivə]

| coach, carriage | vagon (n) | [va'gon] |
| restaurant car | vagon-restaurant (n) | [va'gon restau'rant] |

rails	şine (f pl)	['ʃine]
railway	cale (f) ferată	['kale fe'ratə]
sleeper (track support)	traversă (f)	[tra'wersə]

platform (railway ~)	peron (n)	[pe'ron]
platform (~ 1, 2, etc.)	linie (f)	['linie]
semaphore	semafor (n)	[sema'for]
station	staţie (f)	['statsie]

train driver	maşinist (m)	[maʃi'nist]
porter (of luggage)	hamal (m)	[ha'mal]
train steward	însoţitor (m)	[ınsotsi'tor]
passenger	pasager (m)	[pasa'dʒer]
ticket inspector	controlor (m)	[kontro'lor]

corridor (in train)	coridor (n)	[kori'dor]
emergency break	semnal (n) de alarmă	[sem'nal de a'larmə]
compartment	compartiment (n)	[komparti'ment]
berth	cuşetă (f)	[ku'ʃetə]
upper berth	patul (n) de sus	['patul de sus]
lower berth	patul (n) de jos	['patul de ʒos]
linen	lenjerie (f) de pat	[lenʒe'rie de pat]

ticket	bilet (n)	[bi'let]
timetable	orar (n)	[o'rar]
information display	panou (n)	[pa'nou]

to leave, to depart	a pleca	[a ple'ka]
departure (of train)	plecare (f)	[ple'kare]
to arrive (ab. train)	a sosi	[a so'si]
arrival	sosire (f)	[so'sire]

to arrive by train	a veni cu trenul	[a we'ni 'ku 'trenul]
to get on the train	a se aşeza în tren	[a se aʃe'za ın tren]
to get off the train	a coborî din tren	[a kobo'rı din tren]

train crash	accident (n)	[aktʃi'dent]
steam engine	locomotivă (f)	[lokomo'tivə]
stoker, fireman	fochist (m)	[fo'kist]
firebox	focar (n)	[fo'kar]
coal	cărbune (m)	[kər'bune]

26. Ship

| ship | corabie (f) | [ko'rabie] |
| vessel | corabie (f) | [ko'rabie] |

steamship	vapor (n)	[va'por]
riverboat	motonavă (f)	[moto'navə]
ocean liner	vas (n) de croazieră	[vas de kroazi'erə]
cruiser	crucişător (n)	[krutʃiʃə'tor]
yacht	iaht (n)	[jaht]
tugboat	remorcher (n)	[remor'ker]
barge	şlep (n)	[ʃlep]
ferry	bac (n)	[bak]
sailing ship	velier (n)	[weli'er]
brigantine	brigantină (f)	[brigan'tinə]
ice breaker	spărgător (n) de gheaţă	[spərgə'tor de 'gʲatsə]
submarine	submarin (n)	[subma'rin]
boat (flat-bottomed ~)	barcă (f)	['barkə]
dinghy	şalupă (f)	[ʃa'lupə]
lifeboat	şalupă (f) de salvare	[ʃa'lupə de sal'vare]
motorboat	cuter (n)	['kuter]
captain	căpitan (m)	[kəpi'tan]
seaman	marinar (m)	[mari'nar]
sailor	marinar (m)	[mari'nar]
crew	echipaj (n)	[eki'paʒ]
boatswain	şef (m) de echipaj	[ʃef de eki'paʒ]
ship's boy	mus (m)	[mus]
cook	bucătar (m)	[bukə'tar]
ship's doctor	medic (m) pe navă	['medik pe 'navə]
deck	teugă (f)	[te'ugə]
mast	catarg (n)	[ka'targ]
sail	velă (f)	['welə]
hold	cală (f)	['kalə]
bow (prow)	proră (f)	['prorə]
stern	pupă (f)	['pupə]
oar	vâslă (f)	['vɨslə]
propeller	elice (f)	[e'litʃe]
cabin	cabină (f)	[ka'binə]
wardroom	salonul (n) ofiţerilor	[sa'lonul ofi'tserilor]
engine room	sala (f) maşinilor	['sala ma'ʃinilor]
the bridge	punte (f) de comandă	['punte de ko'mandə]
radio room	staţie (f) de radio	['statsie de 'radio]
wave (radio)	undă (f)	['undə]
logbook	jurnal (n) de bord	[ʒur'nal de bord]
spyglass	lunetă (f)	[lu'netə]
bell	clopot (n)	['klopot]
flag	steag (n)	['stʲag]
rope (mooring ~)	parâmă (f)	[pa'rɨmə]
knot (bowline, etc.)	nod (n)	[nod]
handrail	bară (f)	['barə]

gangway	pasarelă (f)	[pasaˈrelə]
anchor	ancoră (f)	[ˈaŋkorə]
to weigh anchor	a ridica ancora	[a ridiˈka ˈaŋkora]
to drop anchor	a ancora	[a aŋkoˈra]
anchor chain	lanț (n) de ancoră	[lants de ˈaŋkorə]
port (harbour)	port (n)	[port]
wharf, quay	acostare (f)	[akosˈtare]
to berth (moor)	a acosta	[a akosˈta]
to cast off	a demara	[a demaˈra]
trip, voyage	călătorie (f)	[kələtoˈrie]
cruise (sea trip)	croazieră (f)	[kroaziˈerə]
course (route)	direcție (f)	[diˈrektsie]
route (itinerary)	rută (f)	[ˈrutə]
fairway	cale (f) navigabilă	[ˈkale nawiˈgabilə]
shallows (shoal)	banc (n) de nisip	[baŋk de niˈsip]
to run aground	a se împotmoli	[a se ɪmpotmoˈli]
storm	furtună (f)	[furˈtunə]
signal	semnal (n)	[semˈnal]
to sink (vi)	a se scufunda	[a se skufunˈda]
SOS	SOS	[sos]
ring buoy	colac (m) de salvare	[koˈlak de salˈvare]

CITY

27. Urban transport

bus, coach	autobuz (n)	[auto'buz]
tram	tramvai (n)	[tram'vaj]
trolleybus	troleibuz (n)	[trolej'buz]
route (of bus)	rută (f)	['rutə]
number (e.g. bus ~)	număr (n)	['numər]

to go by ...	a merge cu ...	[a 'merdʒe ku]
to get on (~ the bus)	a se urca	[a se ur'ka]
to get off ...	a coborî	[a kobo'rɪ]

stop (e.g. bus ~)	stație (f)	['statsie]
next stop	stația (f) următoare	['statsija urməto'are]
terminus	ultima stație (f)	['ultima 'statsie]
timetable	orar (n)	[o'rar]
to wait (vt)	a aștepta	[a aʃtep'ta]

ticket	bilet (n)	[bi'let]
fare	costul (n) biletului	['kostul bi'letuluj]

cashier	casier (m)	[kasi'er]
ticket inspection	control (n)	[kont'rol]
inspector	controlor (m)	[kontro'lor]

to be late (for ...)	a întârzia	[a ɪntɪr'zija]
to miss (~ the train, etc.)	a pierde ...	[a 'pjerdə]
to be in a hurry	a se grăbi	[a se grə'bi]

taxi, cab	taxi (n)	[tak'si]
taxi driver	taximetrist (m)	[taksimet'rist]
by taxi	cu taxiul	[ku tak'siul]
taxi rank	stație (f) de taxiuri	['statsie de tak'siurʲ]
to call a taxi	a chema un taxi	[a ke'ma un tak'si]
to take a taxi	a lua un taxi	[a lu'a un tak'si]

traffic	circulație (f) pe stradă	[tʃirku'latsie pe 'stradə]
traffic jam	ambuteiaj (n)	[ambute'jaʒ]
rush hour	oră (f) de vârf	[orə de vɪrf]
to park (vi)	a se parca	[a se par'ka]
to park (vt)	a parca	[a par'ka]
car park	parcare (f)	[par'kare]

underground, tube	metrou (n)	[met'rou]
station	stație (f)	['statsie]
to take the tube	a merge cu metroul	[a 'merdʒe ku met'roul]
train	tren (n)	[tren]
train station	gară (f)	['garə]

28. City. Life in the city

city, town	oraş (n)	[o'raʃ]
capital	capitală (f)	[kapi'talə]
village	sat (n)	[sat]

city map	planul (n) oraşului	['planul o'raʃuluj]
city centre	centrul (n) oraşului	['ʧentrul o'raʃuluj]
suburb	suburbie (f)	[subur'bie]
suburban (adj)	din suburbie	[din subur'bie]

outskirts	margine (f)	['mardʒine]
environs (suburbs)	împrejurimi (f pl)	[ɪmpreʒu'rimi]
quarter	cartier (n)	[karti'er]
residential quarter	cartier (n) locativ	[karti'er loka'tiv]

traffic	circulaţie (f)	[ʧɪrku'latsie]
traffic lights	semafor (n)	[sema'for]
public transport	transport (n) urban	[trans'port ur'ban]
crossroads	intersecţie (f)	[inter'sektsie]

zebra crossing	trecere (f)	['treʧere]
pedestrian subway	trecere (f) subterană	['treʧere subte'ranə]
to cross (vt)	a traversa	[a trawer'sa]
pedestrian	pieton (m)	[pie'ton]
pavement	trotuar (n)	[trotu'ar]

bridge	pod (n)	[pod]
embankment	faleză (f)	[fa'lezə]
fountain	havuz (n)	[ha'vuz]

allée	alee (f)	[a'le:]
park	parc (n)	[park]
boulevard	bulevard (n)	[bule'vard]
square	piaţă (f)	['pjatsə]
avenue (wide street)	prospect (n)	[pros'pekt]
street	stradă (f)	['stradə]
lane	stradelă (f)	[stra'delə]
dead end	fundătură (f)	[fundə'turə]

house	casă (f)	['kasə]
building	clădire (f)	[klə'dire]
skyscraper	zgârie-nori (m)	['zgɪrie nori]

facade	faţadă (f)	[fa'tsadə]
roof	acoperiş (n)	[akope'riʃ]
window	fereastră (f)	[fe'rʲastrə]
arch	arc (n)	[ark]
column	coloană (f)	[kolo'anə]
corner	colţ (n)	[kolts]

shop window	vitrină (f)	[wit'rinə]
shop sign	firmă (f)	['firmə]
poster	afiş (n)	[a'fiʃ]
advertising poster	afişaj (n)	[afi'ʃaʒ]

38

hoarding	panou (n) publicitar	[pa'nu publitʃi'tar]
rubbish	gunoi (n)	[gu'noj]
rubbish bin	coş (n) de gunoi	[koʃ de gu'noj]
to litter (vi)	a face murdărie	[a 'fatʃe murdə'rie]
rubbish dump	groapă (f) de gunoi	[gro'apə de gu'noj]

telephone box	cabină (f) telefonică	[ka'binə tele'fonikə]
street light	stâlp (m) de felinar	['stɪlp de feli'nar]
bench (park ~)	bancă (f)	['baŋkə]

policeman	poliţist (m)	[poli'tsist]
police	poliţie (f)	[po'litsie]
beggar	cerşetor (m)	[tʃerʃə'tor]
homeless	vagabond (m)	[vaga'bond]

29. Urban institutions

shop	magazin (n)	[maga'zin]
chemist, pharmacy	farmacie (f)	[farma'tʃie]
optician	optică (f)	['optikə]
shopping centre	centru (n) comercial	['tʃentru komertʃi'al]
supermarket	supermarket (n)	[super'market]

bakery	brutărie (f)	[brutə'rie]
baker	brutar (m)	[bru'tar]
cake shop	cofetărie (f)	[kofetə'rie]
grocery shop	băcănie (f)	[bəkə'nie]
butcher shop	hală (f) de carne	['halə de 'karne]

| greengrocer | magazin (m) de legume | [maga'zin de le'gume] |
| market | piaţă (f) | ['pjatsə] |

coffee bar	cafenea (f)	[kafe'ɲa]
restaurant	restaurant (n)	[restau'rant]
pub	berărie (f)	[berə'rie]
pizzeria	pizzerie (f)	[pitse'rie]

hairdresser	frizerie (f)	[frize'rie]
post office	poştă (f)	['poʃtə]
dry cleaners	curăţătorie (f) chimică	[kurətseto'rie 'kimikə]
photo studio	atelier (n) foto	[ateli'er 'foto]

shoe shop	magazin (n) de încălţăminte	[maga'zin de ɪŋkəltsə'minte]
bookshop	librărie (f)	[librə'rie]
sports shop	magazin (n) sportiv	[maga'zin spor'tiv]

clothing repair	croitorie (f)	[kroito'rie]
formal wear hire	închiriere (f) de haine	[ɪŋkiri'ere de 'hajne]
DVD rental shop	închiriere (f) de filme	[ɪŋkiri'ere de 'filme]

circus	circ (n)	[tʃirk]
zoo	grădină (f) zoologică	[grə'dinə zo:'lodʒikə]
cinema	cinematograf (n)	[tʃinematog'raf]
museum	muzeu (n)	[mu'zeu]

library	bibliotecă (f)	[biblio'tekə]
theatre	teatru (n)	['t'atru]
opera	operă (f)	['operə]
nightclub	club (n) de noapte	['klub de no'apte]
casino	cazinou (n)	[kazi'nou]

mosque	moschee (f)	[mos'ke:]
synagogue	sinagogă (f)	[sina'gogə]
cathedral	catedrală (f)	[kated'ralə]
temple	templu (n)	['templu]
church	biserică (f)	[bi'serikə]

institute	institut (n)	[insti'tut]
university	universitate (f)	[uniwersi'tate]
school	şcoală (f)	[ʃko'alə]

prefecture	prefectură (f)	[prefek'turə]
town hall	primărie (f)	[primə'rie]
hotel	hotel (n)	[ho'tel]
bank	bancă (f)	['baŋkə]

embassy	ambasadă (f)	[amba'sadə]
travel agency	agenţie (f) de turism	[adʒen'tsie de tu'rism]
information office	birou (n) de informaţii	[bi'rou de infor'matsij]
money exchange	schimb (n) valutar	[skimb valu'tar]

underground, tube	metrou (n)	[met'rou]
hospital	spital (n)	[spi'tal]

petrol station	benzinărie (f)	[benzinə'rie]
car park	parcare (f)	[par'kare]

30. Signs

shop sign	firmă (f)	['firmə]
notice (written text)	inscripţie (f)	[insk'riptsie]
poster	afiş (n)	[a'fiʃ]
direction sign	semn (n)	[semn]
arrow (sign)	indicator (n)	[indika'tor]

caution	avertisment (n)	[awertis'ment]
warning sign	avertisment (n)	[awertis'ment]
to warn (vt)	a avertiza	[a awerti'za]

closing day	zi (f) de odihnă	[zi de o'dihnə]
timetable (schedule)	orar (n)	[o'rar]
opening hours	ore (f pl) de lucru	['ore de 'lukru]

WELCOME!	BINE AŢI VENIT!	['bine 'ats we'nit]
ENTRANCE	INTRARE	[int'rare]
WAY OUT	IEŞIRE	[e'ʃire]

PUSH	ÎMPINGE	[ɪm'pindʒe]
PULL	TRAGE	['tradʒe]

OPEN	DESCHIS	[des'kis]
CLOSED	ÎNCHIS	[ɪ'ŋkis]

WOMEN	PENTRU FEMEI	['pentru fe'mej]
MEN	PENTRU BĂRBAȚI	['pentru bər'bats]

DISCOUNTS	REDUCERI	[re'dutʃerɪ]
SALE	LICHIDARE DE STOC	[liki'dare de stok]
NEW!	NOU	['nou]
FREE	GRATUIT	[gratu'it]

ATTENTION!	ATENȚIE!	[a'tentsie]
NO VACANCIES	NU SUNT LOCURI	[nu 'sunt 'lokurɪ]
RESERVED	REZERVAT	[rezer'vat]

ADMINISTRATION	ADMINISTRAȚIE	[administ'ratsie]
STAFF ONLY	NUMAI PENTRU ANGAJAȚI	['numaj 'pentru aŋa'ʒats]

BEWARE OF THE DOG!	CÂINE RĂU	['kɪne 'rəu]
NO SMOKING	NU FUMAȚI!	[nu fu'mats]
DO NOT TOUCH!	NU ATINGEȚI!	[nu a'tindʒets]

DANGEROUS	PERICULOS	[periku'los]
DANGER	PERICOL	[pe'rikol]
HIGH TENSION	TENSIUNE ÎNALTĂ	[tensi'une ɪ'naltə]
NO SWIMMING!	SCĂLDATUL INTERZIS!	[skəl'datul inter'zis]
OUT OF ORDER	NU FUNCȚIONEAZĂ	[nu fuŋktsio'ɲazə]

FLAMMABLE	INFLAMABIL	[infla'mabil]
FORBIDDEN	INTERZIS	[inter'zis]
NO TRESPASSING!	TRECEREA INTERZISĂ	['tretʃerʲa inter'zisə]
WET PAINT	PROASPĂT VOPSIT	[pro'aspət vop'sit]

31. Shopping

to buy (purchase)	a cumpăra	[a kumpə'ra]
purchase	cumpărătură (f)	[kumpərə'turə]
to go shopping	a face cumpărături	[a 'fatʃe kumpərə'turʲ]
shopping	shopping (n)	['ʃopiŋ]

to be open (ab. shop)	a fi deschis	[a fi des'kis]
to be closed	a se închide	[a se ɪ'ŋkide]

footwear	încălțăminte (f)	[ɪŋkəltsə'minte]
clothes, clothing	haine (f pl)	['hajne]
cosmetics	cosmetică (f)	[kos'metikə]
food products	produse (n pl)	[pro'duse]
gift, present	cadou (n)	[ka'dou]

shop assistant (masc.)	vânzător (m)	[vɪnzə'tor]
shop assistant (fem.)	vânzătoare (f)	[vɪnzəto'are]

cash desk	casă (f)	['kasə]
mirror	oglindă (f)	[og'lində]

41

| counter (in shop) | tejghea (f) | [teʒ'gⁱa] |
| fitting room | cabină (f) de probă | [ka'binə de 'probə] |

to try on	a proba	[a pro'ba]
to fit (ab. dress, etc.)	a veni	[a we'ni]
to fancy (vt)	a plăcea	[a plə'ʧa]

price	preț (n)	[preʦ]
price tag	indicator (n) de prețuri	[indika'tor de 'preʦurⁱ]
to cost (vt)	a costa	[a kos'ta]
How much?	Cât?	[kɨt]
discount	reducere (f)	[re'duʧere]

inexpensive (adj)	ieftin	['eftin]
cheap (adj)	ieftin	['eftin]
expensive (adj)	scump	[skump]
It's expensive	E scump	[e skump]

hire (n)	închiriere (f)	[ɪŋkiri'ere]
to hire (~ a dinner jacket)	a lua în chirie	[a lu'a ɪn ki'rie]
credit	credit (n)	['kredit]
on credit (adv)	în credit	[ɪn 'kredit]

CLOTHING & ACCESSORIES

32. Outerwear. Coats

clothes	îmbrăcăminte (f)	[ɪmbrəkə'minte]
outer clothing	haină (f)	['hajnə]
winter clothing	îmbrăcăminte (f) de iarnă	[ɪmbrəkə'minte de 'jarnə]

overcoat	palton (n)	[pal'ton]
fur coat	şubă (f)	['ʃubə]
fur jacket	scurtă (f) îmblănită	['skurtə ɪmblə'nitə]
down coat	scurtă (f) de puf	['skurtə de 'puf]

jacket (e.g. leather ~)	scurtă (f)	['skurtə]
raincoat	trenci (f)	[trenʧ]
waterproof (adj)	impermeabil (n)	[imperme'abil]

33. Men's & women's clothing

shirt	cămaşă (f)	[kə'maʃə]
trousers	pantaloni (m pl)	[panta'lon]
jeans	blugi (m pl)	[bludʒi]
jacket (of man's suit)	sacou (n)	[sa'kou]
suit	costum (n)	[kos'tum]

dress (frock)	rochie (f)	['rokie]
skirt	fustă (f)	['fustə]
blouse	bluză (f)	['bluzə]
knitted jacket	jachetă (f) tricotată	[ʒa'ketə triko'tatə]
jacket (of woman's suit)	jachetă (f)	[ʒa'ketə]

T-shirt	tricou (n)	[tri'kou]
shorts (short trousers)	şorturi (n pl)	['ʃorturi]
tracksuit	costum (n) sportiv	[kos'tum spor'tiv]
bathrobe	halat (n)	[ha'lat]
pyjamas	pijama (f)	[piʒa'ma]

| sweater | pulover (n) | [pu'lower] |
| pullover | pulover (n) | [pu'lower] |

waistcoat	vestă (f)	['westə]
tailcoat	frac (n)	[frak]
dinner suit	smoching (n)	['smokiŋ]

uniform	uniformă (f)	[uni'formə]
workwear	haină (f) de lucru	['hajnə de 'lukru]
boiler suit	salopetă (f)	[salo'petə]
coat (e.g. doctor's ~)	halat (n)	[ha'lat]

43

34. Clothing. Underwear

underwear	lenjerie (f) de corp	[lenʒe'rie de 'korp]
vest (singlet)	maiou (n)	[maøu]
socks	şosete (f pl)	[ʃo'sete]

nightgown	cămaşă (f) de noapte	[kə'maʃə de no'apte]
bra	sutien (n)	[suti'en]
knee highs	ciorapi (m pl)	[ʧo'rapʲ]
tights	ciorapi pantalon (m pl)	[ʧo'rapʲ panta'lon]
stockings	ciorapi (m pl)	[ʧo'rapʲ]
swimsuit, bikini	costum (n) de baie	[kos'tum de 'bae]

35. Headwear

hat	căciulă (f)	[kə'ʧulə]
trilby hat	pălărie (f)	[pələ'rie]
baseball cap	şapcă (f)	['ʃapkə]
flatcap	chipiu (n)	[ki'piu]

beret	beretă (f)	[be'retə]
hood	glugă (f)	['glugə]
panama	panama (f)	[pana'ma]
knitted hat	căciulă (f) împletită	[kə'ʧulə ımple'titə]

headscarf	basma (f)	[bas'ma]
women's hat	pălărie (f) de damă	[pələ'rie de 'damə]

hard hat	cască (f)	['kaskə]
forage cap	bonetă (f)	[bo'netə]
helmet	coif (n)	[kojf]

bowler	pălărie (f)	[pələ'rie]
top hat	joben (n)	[ʒo'ben]

36. Footwear

footwear	încălţăminte (f)	[ıŋkəltsə'minte]
ankle boots	ghete (f pl)	['gete]
shoes (low-heeled ~)	pantofi (m pl)	[pan'tofʲ]
boots (cowboy ~)	cizme (f pl)	['ʧizme]
slippers	şlapi (m pl)	[ʃlapʲ]

trainers	adidaşi (m pl)	[a'didaʃ]
plimsolls, pumps	tenişi (m pl)	['teniʃ]
sandals	sandale (f pl)	[san'dale]

cobbler	cizmar (m)	[ʧiz'mar]
heel	toc (n)	[tok]
pair (of shoes)	pereche (f)	[pe'reke]
shoelace	şiret (n)	[ʃi'ret]

to lace up (vt)	a şnurui	[a ʃnuru'i]
shoehorn	lingură (f) pentru pantofi	['liŋurə 'pentru pan'tofʲ]
shoe polish	cremă (f) de ghete	['kremə de 'gete]

37. Personal accessories

gloves	mănuşi (f pl)	[mə'nuʃ]
mittens	mănuşi (f pl)	[mə'nuʃ
	cu un singur deget	ku un 'siŋur 'dedʒet]
scarf (long)	fular (m)	[fu'lar]

glasses	ochelari (m pl)	[oke'larʲ]
frame (eyeglass ~)	ramă (f)	['ramə]
umbrella	umbrelă (f)	[umb'relə]
walking stick	baston (n)	[bas'ton]
hairbrush	perie (f) de păr	[pe'rie de pər]
fan	evantai (n)	[evan'taj]

tie (necktie)	cravată (f)	[kra'vatə]
bow tie	papion (n)	[papi'on]
braces	bretele (f pl)	[bre'tele]
handkerchief	batistă (f)	[ba'tistə]

comb	pieptene (m)	['pjeptəne]
hair slide	agrafă (f) (de păr)	[ag'rafə de pər]
hairpin	ac (n) de păr	[ak de pər]
buckle	cataramă (f)	[kata'ramə]

| belt | cordon (n) | [kor'don] |
| shoulder strap | curea (f) | [ku'rʲa] |

bag (handbag)	geantă (f)	['dʒʲantə]
handbag	poşetă (f)	[po'ʃətə]
rucksack	rucsac (n)	[ruk'sak]

38. Clothing. Miscellaneous

fashion	modă (f)	['modə]
in vogue (adj)	la modă	[la 'modə]
fashion designer	modelier (n)	[modeli'er]

collar	guler (n)	['guler]
pocket	buzunar (n)	[buzu'nar]
pocket (as adj)	de buzunar	[de buzu'nar]
sleeve	mânecă (f)	['mɪnekə]
hanging loop	cuier (n)	[ku'jer]
flies (on trousers)	şliţ (n)	[ʃliʦ]

zip (fastener)	fermoar (n)	[fermo'ar]
fastener	capsă (f)	['kapsə]
button	nasture (m)	['nasture]
buttonhole	butonieră (f)	[butoni'erə]

to come off (ab. button)	a se rupe	[a se 'rupe]
to sew (vi, vt)	a coase	[a ko'ase]
to embroider (vi, vt)	a broda	[a bro'da]
embroidery	broderie (f)	[brode'rie]
sewing needle	ac (n)	[ak]
thread	aţă (f)	['atsə]
seam	cusătură (f)	[kusə'turə]

to get dirty (vi)	a se murdări	[a se murdə'ri]
stain (mark, spot)	pată (f)	['patə]
to crease, crumple (vi)	a se şifona	[a se ʃifo'na]
to tear (vt)	a rupe	[a 'rupe]
clothes moth	molie (f)	['molie]

39. Personal care. Cosmetics

toothpaste	pastă (f) de dinţi	['pastə de dints]
toothbrush	periuţă (f) de dinţi	[peri'utsə de dints]
to clean one's teeth	a se spăla pe dinţi	[a se spə'la pe dints]

razor	brici (m)	[britʃ]
shaving cream	cremă (f) de bărbierit	['kremə de bərbie'rit]
to shave (vi)	a se bărbieri	[a se bərbie'ri]

| soap | săpun (n) | [sə'pun] |
| shampoo | şampon (n) | [ʃam'pon] |

scissors	foarfece (n)	[fo'arfetʃe]
nail file	pilă (f) de unghii	['pilə de 'uŋij]
nail clippers	cleştişor (n)	[kleʃti'ʃor]
tweezers	pensetă (f)	[pen'setə]

cosmetics	cosmetică (f)	[kos'metikə]
face pack	mască (f)	['maskə]
manicure	manichiură (f)	[mani'kyrə]
to have a manicure	a face manichiura	[a 'fatʃe mani'kyra]
pedicure	pedichiură (f)	[pedi'kyrə]

make-up bag	trusă (f) de cosmetică	['trusə de kos'metikə]
face powder	pudră (f)	['pudrə]
powder compact	pudrieră (f)	[pudri'erə]
blusher	fard de obraz (n)	[fard de ob'raz]

perfume (bottled)	parfum (n)	[par'fum]
toilet water	apă de toaletă (f)	['ape de toa'letə]
lotion	loţiune (f)	[lotsi'une]
cologne	colonie (f)	[ko'lonie]

eyeshadow	fard (n) de pleoape	[fard 'pentru pleo'ape]
eyeliner	creion (n) de ochi	[kre'jon 'pentru oki]
mascara	rimel (n)	[ri'mel]

| lipstick | ruj (n) | [ruʒ] |
| nail polish | ojă (f) | ['oʒə] |

| hair spray | gel (n) de păr | [ʤel de pər] |
| deodorant | deodorant (n) | [deodo'rant] |

cream	cremă (f)	['kremə]
face cream	cremă (f) de faţă	['kremə de 'fatsə]
hand cream	cremă (f) pentru mâini	['kremə 'pentru mɨɲ]
anti-wrinkle cream	cremă (f) anti-rid	['kremə 'anti rid]
day (as adj)	de zi	[de zi]
night (as adj)	de noapte	[de no'apte]

tampon	tampon (n)	[tam'pon]
toilet paper	hârtie (f) igienică	[hɨr'tie iʤi'enikə]
hair dryer	uscător (n) de păr	[uskə'tor de pər]

40. Watches. Clocks

watch (wristwatch)	ceas (n) de mână	[ʧas de 'mɨnə]
dial	cadran (n)	[kad'ran]
hand (of clock, watch)	acul (n) ceasornicului	['akul ʧasor'nikuluj]
metal bracelet	brăţară (f)	[brə'tsarə]
watch strap	curea (f)	[ku' rʲa]

battery	baterie (f)	[bate'rie]
to be flat (battery)	a se termina	[a se termi'na]
to change a battery	a schimba bateria	[a skim'ba bate'rija]
to run fast	a merge înainte	[a 'merʤe ɨna'inte]
to run slow	a rămâne în urmă	[a rə'mɨne ɨn 'urmə]

wall clock	pendulă (f)	[pen'dulə]
hourglass	clepsidră (f)	[klep'sidrə]
sundial	cadran (n) solar	[kad'ran so'lar]
alarm clock	ceas (n) deşteptător	[ʧas deʃteptə'tor]
watchmaker	ceasornicar (m)	[ʧasorni'kar]
to repair (vt)	a repara	[a repa'ra]

EVERYDAY EXPERIENCE

41. Money

money	bani (m pl)	[baɲ]
exchange	schimb (n)	[skimb]
exchange rate	curs (n)	[kurs]
cashpoint	bancomat (n)	[baŋko'mat]
coin	monedă (f)	[mo'nedə]

| dollar | dolar (m) | [do'lar] |
| euro | euro (m) | ['euro] |

lira	liră (f)	['lirə]
Deutschmark	marcă (f)	['markə]
franc	franc (m)	[fraŋk]
pound sterling	liră (f) sterlină	['lirə ster'linə]
yen	yen (f)	['jen]

debt	datorie (f)	[dato'rie]
debtor	datornic (m)	[da'tornik]
to lend (money)	a da cu împrumut	[a da ku ɪmpru'mut]
to borrow (vi, vt)	a lua cu împrumut	[a lu'a ku ɪmpru'mut]

bank	bancă (f)	['baŋkə]
account	cont (n)	[kont]
to deposit into the account	a pune în cont	[a 'pune ɪn 'kont]
to withdraw (vt)	a scoate din cont	[a sko'ate din kont]

credit card	carte (f) de credit	['karte de kredit]
cash	numerar (n)	[nume'rar]
cheque	cec (n)	[ʧek]
to write a cheque	a scrie un cec	[a 'skrie un 'ʧek]
chequebook	carte (f) de cecuri	['karte de 'ʧekurʲ]

wallet	portvizit (n)	[portwi'zit]
purse	portofel (n)	[porto'fel]
billfold	portmoneu (n)	[portmo'neu]
safe	seif (n)	['sejf]

heir	moştenitor (m)	[moʃteni'tor]
inheritance	moştenire (f)	[moʃte'nire]
fortune (wealth)	avere (f)	[a'were]

lease, let	arendă (f)	[a'rendə]
rent money	chirie (f)	[ki'rie]
to rent (sth from sb)	a închiria	[a ɪŋkiri'ja]

| price | preţ (n) | [prets] |
| cost | valoare (f) | [valo'are] |

sum	sumă (f)	['sumə]
to spend (vt)	a cheltui	[a keltu'i]
expenses	cheltuieli (f pl)	[keltu'eʎ]
to economize (vi, vt)	a economisi	[a ekonomi'si]
thrifty (adj)	econom	[eko'nom]

to pay (vi, vt)	a plăti	[a plə'ti]
payment	plată (f)	['platə]
change (give the ~)	rest (n)	[rest]

tax	impozit (n)	[im'pozit]
fine	amendă (f)	[a'mendə]
to fine (vt)	a amenda	[a amen'da]

42. Post. Postal service

post office	poştă (f)	['poʃtə]
post (letters, etc.)	corespondenţă (f)	[korespon'dentsə]
postman	poştaş (m)	[poʃ'taʃ]
opening hours	ore (f pl) de lucru	['ore de 'lukru]

letter	scrisoare (f)	[skriso'are]
registered letter	scrisoare (f) recomandată	[skriso'are rekoman'datə]
postcard	carte (f) poştală	['karte poʃ'talə]
telegram	telegramă (f)	[teleg'ramə]
parcel	colet (n)	[ko'let]
money transfer	mandat (n) poştal	[man'dat poʃ'tal]

to receive (vt)	a primi	[a pri'mi]
to send (vt)	a expedia	[a ekspedi'a]
sending	expediere (f)	[ekspedi'ere]
address	adresă (f)	[ad'resə]
postcode	cod (n) poştal	[kod poʃ'tal]
sender	expeditor (m)	[ekspedi'tor]
receiver, addressee	destinatar (m)	[destina'tar]

name	prenume (n)	[pre'nume]
family name	nume (n)	['nume]
rate (of postage)	tarif (n)	[ta'rif]
standard (adj)	normal	[nor'mal]
economical (adj)	econom	[eko'nom]

weight	greutate (f)	[greu'tate]
to weigh up (vt)	a cântări	[a kıntə'ri]
envelope	plic (n)	[plik]
postage stamp	timbru (n)	['timbru]
to stamp an envelope	a lipi timbrul	[a li'pi 'timbrul]

43. Banking

bank	bancă (f)	['baŋkə]
branch (of bank, etc.)	sucursală (f)	[sukur'salə]

consultant	consultant (m)	[konsul'tant]
manager (director)	director (m)	[di'rektor]

bank account	cont (n)	[kont]
account number	numărul (n) contului	['numərul 'kontuluj]
current account	cont (n) curent	[kont ku'rent]
deposit account	cont (n) de acumulare	[kont de akumu'lare]

to open an account	a deschide un cont	[a des'kide 'un 'kont]
to close the account	a închide contul	[a ɪ'ŋkide 'kontul]
to deposit into the account	a pune în cont	[a 'pune ɪn 'kont]
to withdraw (vt)	a extrage din cont	[a ekst'radʒe din kont]

deposit	depozit (n)	[de'pozit]
to make a deposit	a depune	[a de'pune]
wire transfer	transfer (n)	[trans'fer]
to wire (money)	a transfera	[a transfe'ra]

sum	sumă (f)	['sumə]
How much?	Cât?	[kɪt]

signature	semnătură (f)	[semnə'turə]
to sign (vt)	a semna	[a sem'na]

credit card	carte (f) de credit	['karte de kredit]
code	cod (n)	[kod]
credit card number	numărul (n) cărții de credit	['numərul kərtsij de 'kredit]
cashpoint	bancomat (n)	[baŋko'mat]

cheque	cec (n)	[tʃek]
to write a cheque	a scrie un cec	[a 'skrie un tʃek]
chequebook	carte (f) de cecuri	['karte de 'tʃekurʲ]

loan (bank ~)	credit (n)	['kredit]
to apply for a loan	a solicita un credit	[a 'tʃere pe 'kredit]
to get a loan	a lua pe credit	[a lu'a pe 'kredit]
to give a loan	a acorda credit	[a akor'da 'kredit]
guarantee	garanție (f)	[garan'tsie]

44. Telephone. Phone conversation

telephone	telefon (n)	[tele'fon]
mobile phone	telefon (n) mobil	[tele'fon mo'bil]
answering machine	răspuns (n) automat	[rəs'puns auto'mat]

to ring (telephone)	a suna	[a su'na]
call, ring	sunet (n)	['sunet]

to dial a number	a forma un număr	[a for'ma un 'numər]
Hello!	Alo!	[a'lo]
to ask (vt)	a întreba	[a ɪntre'ba]
to answer (vi, vt)	a răspunde	[a rəs'punde]
to hear (vt)	a auzi	[a au'zi]
well (adv)	bine	['bine]

| not well (adv) | rău | ['rəu] |
| noises (interference) | bruiaj (n) | [bru'jaʒ] |

receiver	receptor (n)	[retʃep'tor]
to pick up (~ the phone)	a lua receptorul	[a lu'a retʃep'torul]
to hang up (~ the phone)	a pune receptorul	[a 'pune retʃep'torul]

engaged (adj)	ocupat	[oku'pat]
to ring (ab. phone)	a suna	[a su'na]
telephone book	carte (f) de telefon	['karte de tele'fon]

local (adj)	local	[lo'kal]
trunk (e.g. ~ call)	interurban	[interur'ban]
international (adj)	internaţional	[internatsio'nal]

45. Mobile telephone

mobile phone	telefon (n) mobil	[tele'fon mo'bil]
display	ecran (n)	[ek'ran]
button	buton (n)	[bu'ton]
SIM card	cartelă (f) SIM	[kar'telə 'sim]

battery	baterie (f)	[bate'rie]
to be flat (battery)	a se descărca	[a se deskər'ka]
charger	încărcător (m)	[iŋkərkə'tor]

menu	meniu (n)	[me'niu]
settings	setări (f)	[se'tərʲ]
tune (melody)	melodie (f)	[melo'die]
to select (vt)	a selecta	[a selek'ta]

calculator	calculator (n)	[kalkula'tor]
answering machine	răspuns (n) automat	[rəs'puns auto'mat]
alarm clock	ceas (n) deşteptător	[tʃas deʃteptə'tor]
contacts	carte (f) de telefoane	['karte de telefo'ane]

| SMS (text message) | SMS (n) | [ese'mes] |
| subscriber | abonat (m) | [abo'nat] |

46. Stationery

| ballpoint pen | stilou (n) | [sti'lou] |
| fountain pen | condei (n) | [kon'dej] |

pencil	creion (n)	[kreøn]
highlighter	marcher (n)	['marker]
felt-tip pen	cariocă (f)	[kari'okə]

notepad	carneţel (n)	[karnə'təʎ]
diary	agendă (f)	[a'dʒendə]
ruler	riglă (f)	['riglə]
calculator	calculator (f)	[kalkula'tor]

rubber	radieră (f)	[radi'erə]
drawing pin	piuneză (f)	[piu'nezə]
paper clip	clamă (f)	['klamə]

glue	lipici (n)	[li'piʧ]
stapler	capsator (n)	[kapsa'tor]
hole punch	perforator (n)	[perfo'rator]
pencil sharpener	ascuțitoare (f)	[askuʦito'are]

47. Foreign languages

language	limbă (f)	['limbə]
foreign (adj)	străin	[strə'in]
to study (vt)	a studia	[a studi'a]
to learn (language, etc.)	a învăța	[a ɪnvə'ʦa]

to read (vi, vt)	a citi	[a ʧi'ti]
to speak (vi, vt)	a vorbi	[a vor'bi]
to understand (vt)	a înțelege	[a ɪnʦe'ledʒe]
to write (vt)	a scrie	[a 'skrie]

fast (adv)	repede	['repede]
slowly (adv)	încet	[ɪn'ʧet]
fluently (adv)	liber	['liber]

rules	reguli (f pl)	['reguʎ]
grammar	gramatică (f)	[gra'matikə]
vocabulary	lexic (n)	['leksik]
phonetics	fonetică (f)	[fo'netikə]

textbook	manual (n)	[manu'al]
dictionary	dicționar (n)	[dikʦio'nar]
teach-yourself book	manual (n) autodidactic	[manu'al autodi'daktik]
phrasebook	ghid (n) de conversație	[gid de konwer'saʦie]

cassette	casetă (f)	[ka'setə]
videotape	casetă (f) video	[ka'setə 'wideo]
CD, compact disc	CD (n)	[si'di]
DVD	DVD (n)	[diwi'di]

alphabet	alfabet (n)	[alfa'bet]
to spell (vt)	a spune pe litere	[a vor'bi pe 'litere]
pronunciation	pronunție (f)	[pro'nunʦie]

accent	accent (n)	[ak'ʧent]
with an accent	cu accent	['ku ak'ʧent]
without an accent	fără accent	['fərə ak'ʧent]

word	cuvânt (n)	[ku'vɪnt]
meaning	sens (n)	[sens]

course (e.g. a French ~)	cursuri (n)	['kursurɪ]
to sign up	a se înscrie	[a se ɪnsk'rie]
teacher	profesor (m)	[pro'fesor]

translation (process)	**traducere** (f)	[tra'dut͡ʃere]
translation (text, etc.)	**traducere** (f)	[tra'dut͡ʃere]
translator	**traducător** (m)	[traduke'tor]
interpreter	**translator** (m)	[trans'lator]
polyglot	**poliglot** (m)	[polig'lot]
memory	**memorie** (f)	[me'morie]

MEALS. RESTAURANT

48. Table setting

spoon	**lingură** (f)	['liŋurə]
knife	**cuțit** (n)	[ku'tsit]
fork	**furculiță** (f)	[furku'litsə]
cup (of coffee)	**ceaşcă** (f)	['tʃaʃkə]
plate (dinner ~)	**farfurie** (f)	[farfu'rie]
saucer	**farfurioară** (f)	[farfurio'arə]
serviette	**şervețel** (n)	[ʃərwe'tsel]
toothpick	**scobitoare** (f)	[skobito'are]

49. Restaurant

restaurant	**restaurant** (n)	[restau'rant]
coffee bar	**cafenea** (f)	[kafe'ɲa]
pub, bar	**bar** (n)	[bar]
tearoom	**salon** (n) **de ceai**	[sa'lon de tʃaj]
waiter	**chelner** (m)	['kelner]
waitress	**chelneriță** (f)	[kelne'ritsə]
barman	**barman** (m)	['barman]
menu	**meniu** (n)	[me'niu]
wine list	**meniu** (n) **de vinuri**	[meniu de 'winurʲ]
to book a table	**a rezerva o masă**	[a rezer'va o 'masə]
course, dish	**mâncare** (f)	[mɪ'ŋkare]
to order (meal)	**a comanda**	[a koman'da]
to make an order	**a face comandă**	[a 'fatʃe ko'mandə]
aperitif	**aperitiv** (n)	[aperi'tiv]
starter	**gustare** (f)	[gus'tare]
dessert, sweet	**desert** (n)	[de'sert]
bill	**notă** (f) **de plată**	['notə de 'platə]
to pay the bill	**a achita nota de plată**	[a aki'ta 'nota de 'platə]
to give change	**a da rest**	[a da 'rest]
tip	**bacşiş** (n)	[bak'ʃiʃ]

50. Meals

food	**mâncare** (f)	[mɪ'ŋkare]
to eat (vi, vt)	**a mânca**	[a mɪ'ŋka]

breakfast	micul dejun (n)	['mikul de'ʒun]
to have breakfast	a lua micul dejun	[a lu'a 'mikul de'ʒun]
lunch	prânz (n)	[prɪnz]
to have lunch	a lua prânzul	[a lu'a 'prɪnzul]
dinner	cină (f)	['ʧɪnə]
to have dinner	a cina	[a ʧi'na]

| appetite | poftă (f) de mâncare | ['poftə de mɪ'ŋkare] |
| Enjoy your meal! | Poftă bună! | ['poftə 'bunə] |

to open (~ a bottle)	a deschide	[a des'kide]
to spill (liquid)	a vărsa	[a vər'sa]
to spill out (vi)	a se vărsa	[a se vər'sa]

to boil (vi)	a fierbe	[a 'fjerbe]
to boil (vt)	a fierbe	[a 'fjerbe]
boiled (~ water)	fiert	[fjert]
to cool (vt)	a răci	[a rə'ʧi]
to cool down (vi)	a se răci	[a se rə'ʧi]

| taste, flavour | gust (n) | [gust] |
| aftertaste | aromă (f) | [a'romə] |

to be on a diet	a slăbi	[a slə'bi]
diet	dietă (f)	[di'etə]
vitamin	vitamină (f)	[wita'minə]
calorie	calorie (f)	[kalo'rie]
vegetarian (n)	vegetarian (m)	[weʤetari'an]
vegetarian (adj)	vegetarian	[weʤetari'an]

fats (nutrient)	grăsimi (f pl)	[grə'simi]
proteins	proteine (f pl)	[prote'ine]
carbohydrates	hidraţi (m pl) de carbon	[hid'rats de kar'bon]
slice (of lemon, ham)	felie (f)	[fe'lie]
piece (of cake, pie)	bucată (f)	[bu'katə]
crumb (of bread)	firimitură (f)	[firimi'turə]

51. Cooked dishes

course, dish	fel (n) de mâncare	[fel de mɪ'ŋkare]
cuisine	bucătărie (f)	[bukətə'rie]
recipe	reţetă (f)	[re'tsetə]
portion	porţie (f)	['portsie]

| salad | salată (f) | [sa'latə] |
| soup | supă (f) | ['supə] |

clear soup (broth)	supă (f) de carne	['supə de 'karne]
sandwich (bread)	tartină (f)	[tar'tinə]
fried eggs	omletă (f)	[om'letə]

cutlet	pârjoală (f)	[pɪrʒo'alə]
hamburger (beefburger)	hamburger (m)	['hamburger]
beefsteak	biftec (n)	[bif'tek]

roast meat	friptură (f)	[frip'turə]
garnish	garnitură (f)	[garni'turə]
spaghetti	spaghete (f pl)	[spa'gete]
mash	piure (n) de cartofi	[py're de kar'tofʲ]
pizza	pizza (f)	['pitsa]
porridge (oatmeal, etc.)	caşă (f)	['kaʃə]
omelette	omletă (f)	[om'letə]

boiled (e.g. ~ beef)	fiert	[fjert]
smoked (adj)	afumat	[afu'mat]
fried (adj)	prăjit	[prə'ʒit]
dried (adj)	uscat	[us'kat]
frozen (adj)	congelat	[kondʒe'lat]
pickled (adj)	marinat	[mari'nat]

sweet (sugary)	dulce	['dultʃe]
salty (adj)	sărat	[sə'rat]
cold (adj)	rece	['retʃe]
hot (adj)	fierbinte	[fjer'binte]
bitter (adj)	amar	[a'mar]
tasty (adj)	gustos	[gus'tos]

to cook (in boiling water)	a fierbe	[a 'fjerbe]
to cook (dinner)	a găti	[a gə'ti]
to fry (vt)	a prăji	[a prə'ʒi]
to heat up (food)	a încălzi	[a ıŋkəl'zi]

to salt (vt)	a săra	[a sə'ra]
to pepper (vt)	a pipera	[a pipe'ra]
to grate (vt)	a da prin răzătoare	[a da prin rəzəto'are]
peel (n)	coajă (f)	[ko'aʒə]
to peel (vt)	a curăța	[a kurə'tsa]

52. Food

meat	carne (f)	['karne]
chicken	carne (f) de găină	['karne de gə'inə]
young chicken	carne (f) de pui	['karne de puj]
duck	carne (f) de rață	['karne de 'ratsə]
goose	carne (f) de gâscă	['karne de 'gıskə]
game	vânat (n)	[vı'nat]
turkey	carne (f) de curcan	['karne de 'kurkan]

pork	carne (f) de porc	['karne de pork]
veal	carne (f) de vițel	['karne de wi'tsel]
lamb	carne (f) de berbec	['karne de ber'bek]
beef	carne (f) de vită	['karne de 'witə]
rabbit	carne (f) de iepure de casă	['karne de 'epure de 'kasə]

sausage (salami, etc.)	salam (n)	[sa'lam]
vienna sausage	crenvurșt (n)	[kren'vurʃt]
bacon	costiță (f) afumată	[kos'titsə afu'matə]
ham	șuncă (f)	['ʃuŋkə]
gammon (ham)	pulpă (f)	['pulpə]

pâté	pateu (n)	[pa'teu]
liver	ficat (m)	[fi'kat]
lard	slănină (f)	[slə'ninə]
mince	carne (f) tocată	['karne to'katə]
tongue	limbă (f)	['limbə]
egg	ou (n)	['ou]
eggs	ouă (n pl)	['ouə]
egg white	albuş (n)	[al'buʃ]
egg yolk	gălbenuş	[gəlbe'nuʃ]
fish	peşte (m)	['peʃte]
seafood	produse (n pl) marine	[pro'duse ma'rine]
caviar	icre (f pl) de peşte	['ikre de 'peʃte]
crab	crab (m)	[krab]
prawn	crevetă (f)	[kre'wetə]
oyster	stridie (f)	['stridie]
spiny lobster	langustă (f)	[la'ŋustə]
octopus	caracatiţă (f)	[kara'katitsə]
squid	calmar (m)	[kal'mar]
sturgeon	carne (f) de nisetru	['karne de ni'setru]
salmon	somon (m)	[so'mon]
halibut	calcan (m)	[kal'kan]
cod	batog (m)	[ba'tog]
mackerel	macrou (n)	[mak'rou]
tuna	ton (m)	[ton]
eel	ţipar (m)	[tsi'par]
trout	păstrăv (m)	[pəst'rəv]
sardine	sardea (f)	[sar'dia]
pike	ştiucă (f)	['ʃtykə]
herring	scrumbie (f)	[skrum'bie]
bread	pâine (f)	['pɪne]
cheese	caşcaval (n)	['brɪnzə]
sugar	zahăr (n)	['zahər]
salt	sare (f)	['sare]
rice	orez (n)	[o'rez]
pasta	paste (f pl)	['paste]
noodles	tăiţei (m)	[təi'tsej]
butter	unt (n)	['unt]
vegetable oil	ulei (n) vegetal	[u'lej wedʒe'tal]
sunflower oil	ulei (n) de floarea-soarelui	[u'lej de flo'ar'a so'areluj]
margarine	margarină (f)	[marga'rinə]
olives	olive (f pl)	[o'liwe]
olive oil	ulei (n) de măsline	[u'lej de məs'line]
milk	lapte (n)	['lapte]
condensed milk	lapte (n) condensat	['lapte konden'sat]
yogurt	iaurt (n)	[ja'urt]

| sour cream | smântână (f) | [smɪn'tɪnə] |
| cream (of milk) | frişcă (f) | ['friʃkə] |

| mayonnaise | maioneză (f) | [majo'nezə] |
| buttercream | cremă (f) | ['kremə] |

groats	crupe (f pl)	['krupe]
flour	făină (f)	[fə'inə]
tinned food	conserve (f pl)	[kon'serwe]

cornflakes	fulgi (m pl) de porumb	['fuldʒi de po'rumb]
honey	miere (f)	['mjere]
jam	gem (n)	[dʒem]
chewing gum	gumă (f) de mestecat	['gumə de meste'kat]

53. Drinks

water	apă (f)	['apə]
drinking water	apă (f) potabilă	['apə po'tabilə]
mineral water	apă (f) minerală	['apə mine'ralə]

still (adj)	necarbogazoasă	[nekarbogazo'asə]
carbonated (adj)	carbogazoasă	[karbogazo'asə]
sparkling (adj)	gazoasă	[gazo'asə]
ice	gheață (f)	['gʲatsə]
with ice	cu gheață	[ku 'gʲatsə]

non-alcoholic (adj)	fără alcool	[fərə alko'ol]
soft drink	băutură (f) fără alcool	[bəu'turə fərə alko'ol]
cool soft drink	băutură (f) răcoritoare	[bəu'turə rəkorito'are]
lemonade	limonadă (f)	[limo'nadə]

spirits	băuturi (f pl) alcoolice	[bəu'turi alko'olitʃe]
wine	vin (n)	[win]
white wine	vin (n) alb	[win alb]
red wine	vin (n) roşu	[win 'roʃu]

liqueur	lichior (n)	[li'kør]
champagne	şampanie (f)	[ʃam'panie]
vermouth	vermut (n)	[wer'mut]

whisky	whisky (n)	['uiski]
vodka	votcă (f)	['votkə]
gin	gin (n)	[dʒin]
cognac	coniac (n)	[ko'njak]
rum	rom (n)	[rom]

coffee	cafea (f)	[ka'fʲa]
black coffee	cafea (f) neagră	[ka'fʲa 'nagrə]
white coffee	cafea (f) cu lapte	[ka'fʲa ku 'lapte]
cappuccino	cafea (f) cu frişcă	[ka'fʲa ku 'friʃkə]
instant coffee	cafea (f) solubilă	[ka'fʲa so'lubilə]
milk	lapte (n)	['lapte]
cocktail	cocteil (n)	[kok'tejl]

milk shake	cocteil (n) din lapte	[kok'tejl din 'lapte]
juice	suc (n)	[suk]
tomato juice	suc (n) de roşii	[suk de 'roʃij]
orange juice	suc (n) de portocale	[suk de porto'kale]
freshly squeezed juice	suc (n) natural	[suk natu'ral]

beer	bere (f)	['bere]
lager	bere (f) blondă	['bere 'blondə]
bitter	bere (f) brună	['bere 'brunə]

tea	ceai (n)	[ʧaj]
black tea	ceai (n) negru	[ʧaj 'negru]
green tea	ceai (n) verde	[ʧaj 'werde]

54. Vegetables

| vegetables | legume (f pl) | [le'gume] |
| greens | verdeață (f) | [wer'dʲaʦə] |

tomato	roşie (f)	['roʃie]
cucumber	castravete (m)	[kastra'wete]
carrot	morcov (m)	['morkov]
potato	cartof (m)	[kar'tof]
onion	ceapă (f)	['ʧapə]
garlic	usturoi (m)	[ustu'roj]

cabbage	varză (f)	['varzə]
cauliflower	conopidă (f)	[kono'pidə]
Brussels sprouts	varză (f) de Bruxelles	['varzə de bruk'sel]
broccoli	broccoli (m)	['brokoli]

beetroot	sfeclă (f)	['sfeklə]
aubergine	pătlăgea (f) vânătă	[pətlə'dʒʲa 'vɪnətə]
marrow	dovlecel (m)	[dovle'ʧel]
pumpkin	dovleac (m)	[dov'ʎak]
turnip	nap (m)	[nap]

parsley	pătrunjel (m)	[pətrun'ʒel]
dill	mărar (m)	[mə'rar]
lettuce	salată (f)	[sa'latə]
celery	ţelină (f)	['ʦelinə]

| asparagus | sparanghel (m) | [spara'ŋel] |
| spinach | spanac (n) | [spa'nak] |

| pea | mazăre (f) | ['mazəre] |
| beans | boabe (f pl) | [bo'abe] |

| maize | porumb (m) | [po'rumb] |
| kidney bean | fasole (f) | [fa'sole] |

bell pepper	piper (m)	[pi'per]
radish	ridiche (f)	[ri'dike]
artichoke	anghinare (f)	[aŋi'nare]

55. Fruits. Nuts

fruit	**fruct** (n)	[frukt]
apple	**măr** (n)	[mər]
pear	**pară** (f)	['parə]
lemon	**lămâie** (f)	[lə'mıe]
orange	**portocală** (f)	[porto'kalə]
strawberry	**căpşună** (f)	[kəp'ʃunə]
tangerine	**mandarină** (f)	[manda'rinə]
plum	**prună** (f)	['prunə]
peach	**piersică** (f)	['pjersikə]
apricot	**caisă** (f)	[ka'isə]
raspberry	**zmeură** (f)	['zmeurə]
pineapple	**ananas** (m)	[ana'nas]
banana	**banană** (f)	[ba'nanə]
watermelon	**pepene** (m) **verde**	['pepene 'werde]
grape	**struguri** (m pl)	['struguri]
sour cherry	**vişină** (f)	['wiʃinə]
sweet cherry	**cireaşă** (f)	[tʃi'r'aʃə]
melon	**pepene** (m) **galben**	['pepene 'galben]
grapefruit	**grepfrut** (n)	['grepfrut]
avocado	**avocado** (n)	[avo'kado]
papaya	**papaia** (f)	[pa'paja]
mango	**mango** (n)	['maŋo]
pomegranate	**rodie** (f)	['rodie]
redcurrant	**coacăză** (f) **roşie**	[ko'akəzə 'roʃie]
blackcurrant	**coacăză** (f) **neagră**	[ko'akəzə 'n'agrə]
gooseberry	**agrişă** (f)	[ag'riʃə]
bilberry	**afină** (f)	[a'finə]
blackberry	**mură** (f)	['murə]
raisin	**stafidă** (f)	[sta'fidə]
fig	**smochină** (f)	[smo'kinə]
date	**curmală** (f)	[kur'malə]
peanut	**arahidă** (f)	[ara'hidə]
almond	**migdală** (f)	[mig'dalə]
walnut	**nucă** (f)	['nukə]
hazelnut	**alună** (f) **de pădure**	[a'lunə de pə'dure]
coconut	**nucă** (f) **de cocos**	['nukə de 'kokos]
pistachios	**fistic** (m)	['fistik]

56. Bread. Sweets

confectionery (pastry)	**produse** (n pl) **de cofetărie**	[pro'duse də kofetə'rie]
bread	**pâine** (f)	['pıne]
biscuits	**biscuit** (m)	[bisku'it]
chocolate (n)	**ciocolată** (f)	[tʃoko'latə]
chocolate (as adj)	**de, din ciocolată**	[de] / [din tʃoko'latə]

sweet	bomboană (f)	['bombo'ane]
cake (e.g. cupcake)	prăjitură (f)	[prəʒi'turə]
cake (e.g. birthday ~)	tort (n)	[tort]

| pie (e.g. apple ~) | plăcintă (f) | [plə'ʧintə] |
| filling (for cake, pie) | umplutură (f) | [umplu'turə] |

whole fruit jam	dulceață (f)	[dul'ʧatsə]
marmalade	marmeladă (f)	[marme'ladə]
waffle	napolitane (f pl)	[napoli'tane]
ice-cream	înghețată (f)	[ɪŋe'tsatə]

57. Spices

salt	sare (f)	['sare]
salty (adj)	sărat	[sə'rat]
to salt (vt)	a săra	[a sə'ra]

black pepper	piper (m) negru	[pi'per 'negru]
red pepper	piper (m) roşu	[pi'per 'roʃu]
mustard	muştar (m)	[muʃ'tar]
horseradish	hrean (n)	[hr'an]

condiment	condiment (n)	[kondi'ment]
spice	condiment (n)	[kondi'ment]
sauce	sos (n)	[sos]
vinegar	oţet (n)	[o'tset]

anise	anason (m)	[ana'son]
basil	busuioc (n)	[busuøk]
cloves	cuişoare (f pl)	[kuiʃo'are]
ginger	ghimber (m)	[gim'ber]
coriander	coriandru (m)	[kori'andru]
cinnamon	scorţişoară (f)	[skortsiʃo'are]

sesame	susan (m)	[su'san]
bay leaf	foi (f) de dafin	[foj de 'dafin]
paprika	paprică (f)	['paprikə]
caraway	chimen (m)	[ki'men]
saffron	şofran (m)	[ʃof'ran]

PERSONAL INFORMATION. FAMILY

58. Personal information. Forms

name, first name	**prenume** (n)	[pre'nume]
family name	**nume** (n)	['nume]
date of birth	**data** (f) **naşterii**	['data 'naʃterij]
place of birth	**locul** (n) **naşterii**	['lokul 'naʃterij]
nationality	**naţionalitate** (f)	[natsionali'tate]
place of residence	**locul** (n) **de reşedinţă**	['lokul de reʃe'dintsə]
country	**ţară** (f)	['tsarə]
profession (occupation)	**profesie** (f)	[pro'fesie]
gender, sex	**sex** (n)	[seks]
height	**înălţime** (f)	[ınəl'tsime]
weight	**greutate** (f)	[greu'tate]

59. Family members. Relatives

mother	**mamă** (f)	['mamə]
father	**tată** (m)	['tatə]
son	**fiu** (m)	['fiu]
daughter	**fiică** (f)	['fijkə]
younger daughter	**fiica** (f) **mai mică**	['fijka maj 'mikə]
younger son	**fiul** (m) **mai mic**	['fiul maj mik]
eldest daughter	**fiica** (f) **mai mare**	['fijka maj 'mare]
eldest son	**fiul** (m) **mai mare**	['fiul maj 'mare]
brother	**frate** (m)	['frate]
sister	**soră** (f)	['sorə]
cousin (masc.)	**văr** (m)	[vər]
cousin (fem.)	**vară** (f)	['varə]
mummy	**mamă** (f)	['mamə]
dad, daddy	**tată** (m)	['tatə]
parents	**părinţi** (m pl)	[pə'rints]
child	**copil** (m)	[ko'pil]
children	**copii** (m pl)	[ko'pij]
grandmother	**bunică** (f)	[bu'nikə]
grandfather	**bunic** (m)	[bu'nik]
grandson	**nepot** (m)	[ne'pot]
granddaughter	**nepoată** (f)	[nepo'atə]
grandchildren	**nepoţi** (m pl)	[ne'pots]
uncle	**unchi** (m)	[uŋkʲ]
aunt	**mătuşă** (f)	[mə'tuʃə]

nephew	nepot (m)	[ne'pot]
niece	nepoată (f)	[nepo'atə]

mother-in-law	soacră (f)	[so'akrə]
father-in-law	socru (m)	['sokru]
son-in-law	cumnat (m)	[kum'nat]
stepmother	mamă vitregă (f)	['mamə 'witregə]
stepfather	tată vitreg (m)	['tatə 'witreg]

infant	sugaci (m)	[su'gatʃ]
baby (infant)	prunc (m)	[pruŋk]
little boy, kid	pici (m)	[pitʃ]

wife	soție (f)	[so'tsie]
husband	soț (m)	[sots]
spouse (husband)	soț (m)	[sots]
spouse (wife)	soție (f)	[so'tsie]

married (masc.)	căsătorit	[kəsəto'rit]
married (fem.)	căsătorită	[kəsəto'ritə]
single (unmarried)	celibatar (m)	[tʃeliba'tar]
bachelor	burlac (m)	[bur'lak]
divorced (masc.)	divorțat	[divor'tsat]
widow	văduvă (f)	[vəduvə]
widower	văduv (m)	[vəduv]

relative	rudă (f)	['rudə]
close relative	rudă (f) apropiată	['rudə apropi'jatə]
distant relative	rudă (f) îndepărtată	['rudə ɪndeper'tatə]
relatives	rude (f pl) de sânge	['rude de 'sɪndʒe]

orphan (boy or girl)	orfan (m)	[or'fan]
guardian (of minor)	tutore (m)	[tu'tore]
to adopt (a boy)	a înfia	[a ɪnfi'ja]
to adopt (a girl)	a înfia	[a ɪnfi'ja]

60. Friends. Colleagues

friend (masc.)	prieten (m)	[pri'eten]
friend (fem.)	prietenă (f)	[pri'etenə]
friendship	prietenie (f)	[priete'nie]
to be friends	a prieteni	[a priete'ni]

pal (masc.)	amic (m)	[a'mik]
pal (fem.)	amică (f)	[a'mikə]
partner	partener (m)	[parte'ner]

chief (boss)	șef (m)	[ʃef]
superior	director (m)	[di'rektor]
subordinate	subordonat (m)	[subordo'nat]
colleague	coleg (m)	[ko'leg]

acquaintance (person)	cunoscut (m)	[kunos'kut]
fellow traveller	tovarăș (m) de drum	[to'vareʃ de drum]

classmate	coleg (m) de clasă	[ko'leg de 'klasə]
neighbour (masc.)	vecin (m)	[we'tʃin]
neighbour (fem.)	vecină (f)	[we'tʃinə]
neighbours	vecini (m pl)	[we'tʃiɲ]

HUMAN BODY. MEDICINE

61. Head

head	cap (n)	[kap]
face	faţă (f)	['fatsə]
nose	nas (n)	[nas]
mouth	gură (f)	['gurə]

eye	ochi (m)	[oki]
eyes	ochi (m pl)	[oki]
pupil	pupilă (f)	[pu'pilə]
eyebrow	sprânceană (f)	[sprɪn'ʧanə]
eyelash	geană (f)	['ʤianə]
eyelid	pleoapă (f)	[pleo'apə]

tongue	limbă (f)	['limbə]
tooth	dinte (m)	['dinte]
lips	buze (f pl)	['buze]
cheekbones	pomeţi (m pl)	[po'mets]
gum	gingie (f)	[ʤin'ʤie]
palate	palat (n)	[pa'lat]

nostrils	nări (f pl)	[nəri]
chin	bărbie (f)	[bər'bie]
jaw	maxilar (n)	[maksi'lar]
cheek	obraz (m)	[ob'raz]

forehead	frunte (f)	['frunte]
temple	tâmplă (f)	['tɪmplə]
ear	ureche (f)	[u'reke]
back of the head	ceafă (f)	['ʧafə]
neck	gât (n)	[gɪt]
throat	gât (n)	[gɪt]

hair	păr (m)	[pər]
hairstyle	coafură (f)	[koa'furə]
haircut	tunsoare (f)	[tunso'are]
wig	perucă (f)	[pe'rukə]

moustache	mustăţi (f pl)	[mus'təts]
beard	barbă (f)	['barbə]
to have (a beard, etc.)	a purta	[a pur'ta]
plait	cosiţă (f)	[ko'sitsə]
sideboards	favoriţi (m pl)	[favo'rits]

red-haired (adj)	roşcat	[roʃ'kat]
grey (hair)	cărunt	[kə'runt]
bald (adj)	chel	[kel]
bald patch	chelie (f)	[ke'lie]

ponytail	coadă (f)	[ko'adə]
fringe	breton (n)	[bre'ton]

62. Human body

hand	mână (f)	['mɪnə]
arm	braţ (n)	[brats]

finger	deget (n)	['dedʒet]
thumb	degetul (n) mare	['dedʒetul 'mare]
little finger	degetul (n) mic	['dedʒetul mik]
nail	unghie (f)	['uɲie]

fist	pumn (m)	[pumn]
palm	palmă (f)	['palmə]
wrist	încheietura (f) mâinii	[ɪŋkeje'tura 'mɪnij]
forearm	antebraţ (n)	[anteb'rats]
elbow	cot (n)	[kot]
shoulder	umăr (m)	['umər]

leg	picior (n)	[pi'ʧor]
foot	talpă (f)	['talpə]
knee	genunchi (n)	[dʒe'nuŋkʲ]
calf (part of leg)	pulpă (f)	['pulpə]
hip	coapsă (f)	[ko'apsə]
heel	călcâi (n)	[kəl'kɪj]

body	corp (n)	[korp]
stomach	burtă (f)	['burtə]
chest	piept (n)	[pjept]
breast	sân (m)	[sɪn]
flank	coastă (f)	[ko'astə]
back	spate (n)	['spate]
lower back	regiune (f) lombară	[redʒi'une lom'barə]
waist	talie (f)	['talie]

navel	buric (n)	[bu'rik]
buttocks	fese (f pl)	['fese]
bottom	şezut (n)	[ʃə'zut]

beauty mark	aluniţă (f)	[alu'nitsə]
birthmark	semn (n) din naştere	[semn din 'naʃtere]
tattoo	tatuaj (n)	[tatu'aʒ]
scar	cicatrice (f)	[ʧikat'riʧe]

63. Diseases

illness	boală (f)	[bo'alə]
to be ill	a fi bolnav	[a fi bol'nav]
health	sănătate (f)	[sənə'tate]
runny nose (coryza)	guturai (n)	[gutu'raj]
tonsillitis	anghină (f)	[a'ɲinə]

cold (illness)	răceală (f)	[rə'ʧalə]
to catch a cold	a răci	[a rə'ʧi]

bronchitis	bronşită (f)	[bron'ʃitə]
pneumonia	pneumonie (f)	[pneumo'nie]
flu, influenza	gripă (f)	['gripə]

short-sighted (adj)	miop	[mi'op]
long-sighted (adj)	prezbit	[prez'bit]
squint	strabism (n)	[stra'bism]
squint-eyed (adj)	saşiu	[sa'ʃiu]
cataract	cataractă (f)	[kata'raktə]
glaucoma	glaucom (n)	[glau'kom]

stroke	congestie (f)	[kon'ʤestie]
heart attack	infarct (n)	[in'farkt]
myocardial infarction	infarct (n) miocardic	[in'farkt mio'kardik]
paralysis	paralizie (f)	[parali'zie]
to paralyse (vt)	a paraliza	[a parali'za]

allergy	alergie (f)	[aler'ʤie]
asthma	astmă (f)	['astmə]
diabetes	diabet (n)	[dia'bet]

toothache	durere (f) de dinţi	[du'rere de dints]
caries	carie (f)	['karie]

diarrhoea	diaree (f)	[dia're:]
constipation	constipaţie (f)	[konsti'patsie]
stomach upset	deranjament (n) la stomac	[deranʒa'ment la sto'mak]
food poisoning	intoxicare (f)	[intoksi'kare]
to have a food poisoning	a se intoxica	[a se intoksi'ka]

arthritis	artrită (f)	[art'ritə]
rickets	rahitism (n)	[rahi'tism]
rheumatism	reumatism (n)	[reuma'tism]
atherosclerosis	ateroscleroză (f)	[arterioskle'rozə]

gastritis	gastrită (f)	[gast'ritə]
appendicitis	apendicită (f)	[apendi'ʧitə]
cholecystitis	colecistită (f)	[koleʧis'titə]
ulcer	ulcer (n)	[ul'ʧer]

measles	pojar	[po'ʒar]
German measles	rubeolă (f)	[ruʒe'olə]
jaundice	icter (n)	['ikter]
hepatitis	hepatită (f)	[hepa'titə]

schizophrenia	schizofrenie (f)	[skizofre'nie]
rabies (hydrophobia)	turbare (f)	[tur'bare]
neurosis	nevroză (f)	[nev'rozə]
concussion	comoţie (f) cerebrală	[ko'motsie ʧerəb'ralə]

cancer	cancer (n)	['kanʧer]
sclerosis	scleroză (f)	[skle'rozə]
multiple sclerosis	scleroză multiplă (f)	[skle'rozə mul'tiplə]

alcoholism	alcoolism (n)	[alko:'lizm]
alcoholic (n)	alcoolic (m)	[alko'olik]
syphilis	sifilis (n)	['sifilis]
AIDS	SIDA (f)	['sida]

tumour	tumoare (f)	[tumo'are]
malignant (adj)	malignă	[ma'ligne]
benign (adj)	benignă	[be'nigne]

fever	friguri (n pl)	['frigurɪ]
malaria	malarie (f)	[mala'rie]
gangrene	cangrenă (f)	[kaŋ'rene]
seasickness	rău (n) de mare	[rəu de 'mare]
epilepsy	epilepsie (f)	[epilep'sie]

epidemic	epidemie (f)	[epide'mie]
typhus	tifos (n)	['tifos]
tuberculosis	tuberculoză (f)	[tuberku'loze]
cholera	holeră (f)	['holere]
plague (bubonic ~)	ciumă (f)	['ʧume]

64. Symptoms. Treatments. Part 1

symptom	simptom (n)	[simp'tom]
temperature	temperatură (f)	[tempera'ture]
fever	febră (f)	['febre]
pulse	puls (n)	[puls]

giddiness	ameţeală (f)	[ame'tsⁱale]
hot (adj)	fierbinte	[fjer'binte]
shivering	frisoane (n pl)	[friso'ane]
pale (e.g. ~ face)	palid	['palid]

cough	tuse (f)	['tuse]
to cough (vi)	a tuşi	[a tu'ʃi]
to sneeze (vi)	a strănuta	[a strenu'ta]
faint	leşin (n)	[le'ʃin]
to faint (vi)	a leşina	[a leʃi'na]

bruise (hématome)	vânătaie (f)	[vɪnə'tae]
bump (lump)	cucui (n)	[ku'kuj]
to bruise oneself	a se lovi	[a se lo'wi]
bruise	contuzie (f)	[kon'tuzie]
to get bruised	a se lovi	[a se lo'wi]

to limp (vi)	a şchiopăta	[a ʃkøpə'ta]
dislocation	luxaţie (f)	[luk'satsie]
to dislocate (vt)	a luxa	[a luk'sa]
fracture	fractură (f)	[frak'ture]
to have a fracture	a fractura	[a fraktu'ra]

cut (e.g. paper ~)	tăietură (f)	[təe'ture]
to cut oneself	a se tăia	[a se tə'ja]
bleeding	sângerare (f)	[sɪnʤe'rare]

| burn (injury) | arsură (f) | [ar'surə] |
| to burn oneself | a se frige | [a se 'fridʒe] |

to prickle (vt)	a înțepa	[a ıntse'pa]
to prickle oneself	a se înțepa	[a s ıntse'pa]
to injure (vt)	a se răni	[a se rə'ni]
injury	vătămare (f)	[vətə'mare]
wound	rană (f)	['ranə]
trauma	traumă (f)	['traumə]

to be delirious	a delira	[a deli'ra]
to stutter (vi)	a se bâlbâi	[a se bılbı'i]
sunstroke	insolație (f)	[inso'latsie]

65. Symptoms. Treatments. Part 2

| pain | durere (f) | [du'rere] |
| splinter (in foot, etc.) | ghimpe (m) | ['gimpe] |

sweat (perspiration)	transpirație (f)	[transpi'ratsie]
to sweat (perspire)	a transpira	[a transpi'ra]
vomiting	vomă (f)	['vomə]
convulsions	convulsii (f pl)	[kon'vulsij]

pregnant (adj)	gravidă (f)	[gra'widə]
to be born	a se naște	[a se 'naʃte]
delivery, labour	naștere (f)	['naʃtere]
to labour (vi)	a naște	[a 'naʃte]
abortion	avort (n)	[a'vort]

respiration	respirație (f)	[respi'ratsie]
inhalation	inspirație (f)	[inspi'ratsie]
exhalation	expirație (f)	[ekspi'ratsie]
to breathe out	a expira	[a ekspi'ra]
to breathe in	a inspira	[a inspi'ra]

disabled person	invalid (m)	[inva'lid]
cripple	infirm (m)	[in'firm]
drug addict	narcoman (m)	[narko'man]

deaf (adj)	surd	[surd]
dumb (adj)	mut	[mut]
deaf-and-dumb (adj)	surdo-mut	[surdo'mut]

mad, insane (adj)	nebun	[ne'bun]
madman	nebun (m)	[ne'bun]
madwoman	nebună (f)	[ne'bunə]
to go insane	a înnebuni	[a ıŋebu'ni]

gene	genă (f)	['dʒenə]
immunity	imunitate (f)	[imuni'tate]
hereditary (adj)	ereditar	[eredi'tar]
congenital (adj)	congenital	[kondʒeni'tal]
virus	virus (m)	['wirus]

microbe	**microb** (m)	[mik'rob]
bacterium	**bacterie** (f)	[bak'terie]
infection	**infecţie** (f)	[in'fektsie]

66. Symptoms. Treatments. Part 3

hospital	**spital** (n)	[spi'tal]
patient	**pacient** (m)	[patʃi'ent]
diagnosis	**diagnostic** (n)	[diag'nostik]
cure	**tratament** (n)	[trata'ment]
to get treatment	**a urma tratament**	[a ur'ma trata'ment]
to treat (vt)	**a trata**	[a tra'ta]
to nurse (look after)	**a îngriji**	[a ıŋri'ʒi]
care	**îngrijire** (f)	[ıŋri'ʒire]
operation, surgery	**operaţie** (f)	[ope'ratsie]
to bandage (head, limb)	**a pansa**	[a pan'sa]
bandaging	**pansare** (f)	[pan'sare]
vaccination	**vaccin** (n)	[vak'tʃin]
to vaccinate (vt)	**a vaccina**	[a vaktʃi'na]
injection, shot	**injecţie** (f)	[in'ʒektsie]
to give an injection	**a face injecţie**	[a 'fatʃe in'ʒektsie]
amputation	**amputare** (f)	[ampu'tare]
to amputate (vt)	**a amputa**	[a ampu'ta]
coma	**comă** (f)	['komə]
to be in a coma	**a fi în comă**	[a fi ın 'komə]
intensive care	**reanimare** (f)	[reani'mare]
to recover (~ from flu)	**a se vindeca**	[a se winde'ka]
state (patient's ~)	**stare** (f)	['stare]
consciousness	**conştiinţă** (f)	[konʃti'intsə]
memory (faculty)	**memorie** (f)	[me'morie]
to extract (tooth)	**a extrage**	[a ekst'radʒe]
filling	**plombă** (f)	['plombə]
to fill (a tooth)	**a plomba**	[a plom'ba]
hypnosis	**hipnoză** (f)	[hip'nozə]
to hypnotize (vt)	**a hipnotiza**	[a hipnoti'za]

67. Medicine. Drugs. Accessories

medicine, drug	**medicament** (n)	[medika'ment]
remedy	**remediu** (n)	[re'mediu]
prescription	**reţetă** (f)	[re'tsetə]
tablet, pill	**pastilă** (f)	[pas'tilə]
ointment	**unguent** (n)	[uŋu'ent]
ampoule	**fiolă** (f)	[fi'ole]

mixture	**mixtură** (f)	[miks'turə]
syrup	**sirop** (n)	[si'rop]
pill	**pilulă** (f)	[pi'lulə]
powder	**praf** (n)	[praf]
bandage	**bandaj** (n)	[ban'daʒ]
cotton wool	**vată** (f)	['vatə]
iodine	**iod** (n)	[jod]
plaster	**leucoplast** (n)	[leukop'last]
eyedropper	**pipetă** (f)	[pi'petə]
thermometer	**termometru** (n)	[termo'metru]
syringe	**seringă** (f)	[se'riŋə]
wheelchair	**cărucior** (n) **pentru invalizi**	[kəru'ʧor 'pentru inva'lizi]
crutches	**cârje** (f pl)	['kɪrʒe]
painkiller	**anestezic** (n)	[anes'tezik]
laxative	**laxativ** (n)	[laksa'tiv]
spirit (ethanol)	**spirt** (n)	[spirt]
medicinal herbs	**plante** (f pl) **medicinale**	['plante mediʧi'nale]
herbal (~ tea)	**din plante medicinale**	[din 'plante mediʧi'nale]

FLAT

68. Flat

flat	apartament (n)	[aparta'ment]
room	cameră (f)	['kamerə]
bedroom	dormitor (n)	[dormi'tor]
dining room	sufragerie (f)	[sufradʒe'rie]
living room	salon (n)	[sa'lon]
study	cabinet (n)	[kabi'net]
entry room	antreu (n)	[ant'reu]
bathroom	baie (f)	['bae]
water closet	toaletă (f)	[toa'letə]
ceiling	pod (n)	[pod]
floor	podea (f)	[po'dʲa]
corner	colţ (n)	[kolts]

69. Furniture. Interior

furniture	mobilă (f)	['mobilə]
table	masă (f)	['masə]
chair	scaun (n)	['skaun]
bed	pat (n)	[pat]
sofa, settee	divan (n)	[di'van]
armchair	fotoliu (n)	[fo'toliu]
bookcase	dulap (n) de cărţi	[du'lap de kərts]
shelf	raft (n)	[raft]
set of shelves	etajeră (f)	[eta'ʒerə]
wardrobe	dulap (n) de haine	[du'lap de 'hajne]
coat rack	cuier (n)	[ku'jer]
coat stand	cuier (n)	[ku'jer]
chest of drawers	comodă (f)	[ko'modə]
coffee table	măsuţă (f)	[mə'sutsə]
mirror	oglindă (f)	[og'lində]
carpet	covor (n)	[ko'vor]
small carpet	carpetă (f)	[kar'petə]
fireplace	şemineu (n)	[ʃemi'neu]
candle	lumânare (f)	[lumɪ'nare]
candlestick	sfeşnic (n)	['sfeʃnik]
drapes	draperii (f pl)	[drape'rij]
wallpaper	tapet (n)	[ta'pet]

blinds (jalousie)	jaluzele (f pl)	[ʒalu'zele]
table lamp	lampă (f) de birou	['lampə de bi'rou]
wall lamp	lampă (f)	['lampə]
standard lamp	lampă (f) cu picior	['lampə ku pi'tʃor]
chandelier	lustră (f)	['lustrə]

leg (of chair, table)	picior (n)	[pi'tʃor]
armrest	braţ (n) la fotoliu	['brats la fo'toliu]
back	spătar (n)	[spə'tar]
drawer	sertar (n)	[ser'tar]

70. Bedding

bedclothes	lenjerie (f)	[lenʒe'rie]
pillow	pernă (f)	['pernə]
pillowslip	faţă (f) de pernă	['fatsə de 'pernə]
blanket (eiderdown)	plapumă (f)	['plapumə]
sheet	cearşaf (n)	[tʃar'ʃaf]
bedspread	pătură (f)	[pəturə]

71. Kitchen

kitchen	bucătărie (f)	[bukətə'rie]
gas	gaz (n)	[gaz]
gas cooker	aragaz (n)	[ara'gaz]
electric cooker	plită (f) electrică	['plitə e'lektrikə]
oven	cuptor (n)	[kup'tor]
microwave oven	cuptor (n) cu microunde	[kup'tor ku mikro'unde]

refrigerator	frigider (n)	[fridʒi'der]
freezer	congelator (n)	[kondʒela'tor]
dishwasher	maşină (f) de spălat vase	[ma'ʃinə de spə'lat 'vase]

mincer	maşină (f) de tocat carne	[ma'ʃinə de to'kat 'karne]
juicer	storcător (n)	[storkə'tor]
toaster	prăjitor (n) de pâine	[prəʒi'tor de 'pɪne]
mixer	mixer (n)	['mikser]

coffee maker	fierbător (n) de cafea	[fjerbə'tor de ka'fʲa]
coffee pot	ibric (n)	[ib'rik]
coffee grinder	râşniţă (f) de cafea	['rɪʃnitsə de ka'fʲa]

kettle	ceainic (n)	['tʃajnik]
teapot	ceainic (n)	['tʃajnik]
lid	capac (n)	[ka'pak]
tea strainer	strecurătoare (f)	[strekurəto'are]

spoon	lingură (f)	['liŋurə]
teaspoon	linguriţă (f) de ceai	[liŋu'ritsə de tʃaj]
tablespoon	lingură (f)	['liŋurə]
fork	furculiţă (f)	[furku'litsə]
knife	cuţit (n)	[ku'tsit]

tableware	vase (n pl)	['vase]
plate (dinner ~)	farfurie (f)	[farfu'rie]
saucer	farfurioară (f)	[farfurio'arə]

shot glass	păhărel (n)	[pəhə'rel]
glass (~ of water)	pahar (n)	[pa'har]
cup	ceaşcă (f)	['tʃaʃkə]

sugar bowl	zaharniţă (f)	[za'harnitsə]
salt shaker	solniţă (f)	['solnitsə]
pepper shaker	piperniţă (f)	[pi'pernitsə]
butter dish	untieră (f)	[unti'erə]

stew pot	cratiţă (f)	['kratitsə]
frying pan	tigaie (f)	[ti'gae]
ladle	polonic (n)	[polo'nik]
colander	strecurătoare (f)	[strekurəto'are]
tray	tavă (f)	['tavə]

bottle	sticlă (f)	['stiklə]
jar (glass)	borcan (n)	[bor'kan]
tin, can	cutie (f)	[ku'tie]

bottle opener	deschizător (n) de sticle	[deskizə'tor de 'stikle]
tin opener	deschizător (n) de conserve	[deskizə'tor de kon'serwe]
corkscrew	tirbuşon (n)	[tirbu'ʃon]
filter	filtru (n)	['filtru]
to filter (vt)	a filtra	[a filt'ra]

| rubbish, refuse | gunoi (n) | [gu'noj] |
| rubbish bin | coş (n) de gunoi | [koʃ de gu'noj] |

72. Bathroom

bathroom	baie (f)	['bae]
water	apă (f)	['apə]
tap	robinet (n)	[robi'net]
hot water	apă (f) fierbinte	['apə fjer'binte]
cold water	apă (f) rece	['apə 'retʃe]

| toothpaste | pastă (f) de dinţi | ['paste de dints] |
| to clean one's teeth | a se spăla pe dinţi | [a se spə'la pe dints] |

to shave (vi)	a se bărbieri	[a se bərbie'ri]
shaving foam	spumă (f) de ras	['spume de 'ras]
razor	brici (n)	['britʃ]

to wash (clean)	a spăla	[a spə'la]
to have a bath	a se spăla	[a se spə'la]
shower	duş (n)	[duʃ]
to have a shower	a face duş	[a 'fatʃe duʃ]

| bath (tub) | cadă (f) | ['kadə] |
| toilet | closet (n) | [klo'set] |

sink (washbasin)	chiuvetă (f)	[ky'wetə]
soap	săpun (n)	[sə'pun]
soap dish	săpunieră (f)	[səpuni'erə]

sponge	burete (n)	[bu'rete]
shampoo	şampon (n)	[ʃam'pon]
towel	prosop (n)	[pro'sop]
bathrobe	halat (n)	[ha'lat]

laundry (process)	spălat (n)	[spə'lat]
washing machine	maşină (f) de spălat	[ma'ʃinə de spə'lat]
to do the laundry	a spăla haine	[a spə'la 'hajne]
washing powder	detergent (n)	[deter'dʒent]

73. Household appliances

TV, telly	televizor (n)	[telewi'zor]
tape recorder	casetofon (n)	[kaseto'fon]
video	videomagnetofon (n)	[wideomagneto'fon]
radio	aparat (n) de radio	[apa'rat de 'radio]
player (CD, MP3, etc.)	CD player (n)	[si'di 'ple:r]

video projector	proiector (n) video	[proek'tor 'wideo]
home cinema	sistem (n) home cinema	[sis'tem 'houm 'sinema]
DVD player	DVD-player (n)	[diwi'di 'ple:r]
amplifier	amplificator (n)	[amplifi'kator]
video game console	consolă (f) de jocuri	[kon'sole de 'ʒokurʲ]

video camera	cameră (f) video	['kamerə 'wideo]
camera (photo)	aparat (n) foto	[apa'rat 'foto]
digital camera	aparat (n) foto digital	[apa'rat 'foto didʒi'tal]

vacuum cleaner	aspirator (n)	[aspira'tor]
iron (e.g. steam ~)	fier (n) de călcat	['fjer de kəl'kat]
ironing board	masă (f) de călcat	['masə de kəl'kat]

telephone	telefon (n)	[tele'fon]
mobile phone	telefon (n) mobil	[tele'fon mo'bil]
typewriter	maşină (f) de scris	[ma'ʃinə de 'skris]
sewing machine	maşină (f) de cusut	[ma'ʃine de ku'sut]

microphone	microfon (n)	[mikro'fon]
headphones	căşti (f pl)	[kəʃtʲ]
remote control (TV)	telecomandă (f)	[teleko'mandə]

CD, compact disc	CD (n)	[si'di]
cassette	casetă (f)	[ka'setə]
vinyl record	placă (f)	['plakə]

THE EARTH. WEATHER

74. Outer space

cosmos	cosmos (n)	['kosmos]
space (as adj)	cosmic	['kosmik]
outer space	spaţiu (n) cosmic	['spatsiu 'kosmik]
universe	univers (n)	[uni'wers]
galaxy	galaxie (f)	[galak'sie]
star	stea (f)	[st'a]
constellation	constelaţie (f)	[konste'latsie]
planet	planetă (f)	[pla'nete]
satellite	satelit (m)	[sate'lit]
meteorite	meteorit (m)	[meteo'rit]
comet	cometă (f)	[ko'mete]
asteroid	asteroid (m)	[astero'id]
orbit	orbită (f)	[or'bite]
to rotate (vi)	a se roti	[a se ro'ti]
atmosphere	atmosferă (f)	[atmos'fere]
the Sun	soare (n)	[so'are]
solar system	sistem (n) solar	[sis'tem so'lar]
solar eclipse	eclipsă (f) de soare	[ek'lipse de so'are]
the Earth	Pământ (n)	[pe'mınt]
the Moon	Lună (f)	['lune]
Mars	Marte (n)	['marte]
Venus	Venera (f)	[we'nera]
Jupiter	Jupiter (m)	['ʒupiter]
Saturn	Saturn (m)	[sa'turn]
Mercury	Mercur (m)	[mer'kur]
Uranus	Uranus (m)	[u'ranus]
Neptune	Neptun (m)	[nep'tun]
Pluto	Pluto (m)	['pluto]
Milky Way	Calea (f) Lactee	['kaʎa lak'te:]
Great Bear	Ursa (f) mare	['ursa 'mare]
North Star	Steaua (f) polară	['st'aua po'lare]
Martian	marţian (m)	[martsi'an]
extraterrestrial	extraterestru (m)	[ekstrate'restru]
alien	extraterestru (m)	[ekstrate'restru]
flying saucer	farfurie (f) zburătoare	[farfu'rie zbureto'are]
spaceship	navă (f) spaţială	['nave spatsi'ale]
space station	staţie (f) orbitală	['statsie orbi'tale]

blast-off	start (n)	[start]
engine	motor (n)	[mo'tor]
nozzle	ajutaj (n)	[aʒu'taʒ]
fuel	combustibil (m)	[kombus'tibil]

cockpit, flight deck	cabină (f)	[ka'binə]
aerial	antenă (f)	[an'tenə]
porthole	hublou (n)	[hub'lou]
solar battery	baterie (f) solară	[bate'rie so'larə]
spacesuit	scafandru (m)	[ska'fandru]

weightlessness	imponderabilitate (f)	[imponderabili'tate]
oxygen	oxigen (n)	[oksi'dʒen]

docking (in space)	unire (f)	[u'nire]
to dock (vi, vt)	a uni	[a u'ni]

observatory	observator (n) astronomic	[observa'tor astro'nomik]
telescope	telescop (n)	[teles'kop]
to observe (vt)	a observa	[a obser'va]
to explore (vt)	a cerceta	[a tʃertʃe'ta]

75. The Earth

the Earth	Pământ (n)	[pə'mɨnt]
globe (the Earth)	globul (n) pământesc	['globul pəmɨn'tesk]
planet	planetă (f)	[pla'netə]

atmosphere	atmosferă (f)	[atmos'ferə]
geography	geografie (f)	[dʒeogra'fie]
nature	natură (f)	[na'turə]

globe (table ~)	glob (n)	[glob]
map	hartă (f)	['hartə]
atlas	atlas (n)	[at'las]

Europe	Europa (f)	[eu'ropa]
Asia	Asia (f)	['asija]
Africa	Africa (f)	['afrika]
Australia	Australia (f)	[aust'ralija]

America	America (f)	[a'merika]
North America	America (f) de Nord	[a'merika de nord]
South America	America (f) de Sud	[a'merika de sud]

Antarctica	Antarctida (f)	[antark'tida]
the Arctic	Arctica (f)	['arktika]

76. Cardinal directions

north	nord (n)	[nord]
to the north	la nord	[la nord]

in the north	**la nord**	[la nord]
northern (adj)	**de nord**	[de nord]
south	**sud** (n)	[sud]
to the south	**la sud**	[la sud]
in the south	**la sud**	[la sud]
southern (adj)	**de sud**	[de sud]
west	**vest** (n)	[west]
to the west	**la vest**	[la west]
in the west	**la vest**	[la west]
western (adj)	**de vest**	[de west]
east	**est** (n)	[est]
to the east	**la est**	[la est]
in the east	**la est**	[la est]
eastern (adj)	**de est**	[de est]

77. Sea. Ocean

sea	**mare** (f)	['mare]
ocean	**ocean** (n)	[otʃe'an]
gulf (bay)	**golf** (n)	[golf]
straits	**strâmtoare** (f)	[strɪmto'are]
continent (mainland)	**continent** (n)	[konti'nent]
island	**insulă** (f)	['insulə]
peninsula	**peninsulă** (f)	[pe'ninsulə]
archipelago	**arhipelag** (n)	[arhipe'lag]
bay	**golf** (n)	[golf]
harbour	**port** (n)	[port]
lagoon	**lagună** (f)	[la'gunə]
cape	**cap** (n)	[kap]
atoll	**atol** (m)	[a'tol]
reef	**recif** (m)	[re'tʃif]
coral	**coral** (m)	[ko'ral]
coral reef	**recif** (m) **de corali**	[re'tʃif de ko'raʎ]
deep (adj)	**adânc**	[a'dɪŋk]
depth (deep water)	**adâncime** (f)	[adɪn'tʃime]
abyss	**abis** (n)	[a'bis]
trench (e.g. Mariana ~)	**groapă** (f)	[gro'apə]
current, stream	**curent** (n)	[ku'rent]
to surround (bathe)	**a spăla**	[a spə'la]
shore	**mal** (n)	[mal]
coast	**litoral** (n)	[lito'ral]
high tide	**flux** (n)	[fluks]
low tide	**reflux** (n)	[ref'luks]
sandbank	**banc** (n) **de nisip**	[baŋk de ni'sip]

bottom	fund (n)	[fund]
wave	val (n)	[val]
crest (~ of a wave)	creasta (f) valului	['krasta 'valuluj]
froth (foam)	spumă (f)	['spumə]

hurricane	uragan (m)	[ura'gan]
tsunami	tsunami (n)	[ʦu'nami]
calm (dead ~)	timp (n) calm	[timp kalm]
quiet, calm (adj)	liniştit	[liniʃ'tit]

| pole | pol (n) | [pol] |
| polar (adj) | polar | [po'lar] |

latitude	longitudine (f)	[londʒi'tudine]
longitude	latitudine (f)	[lati'tudine]
parallel	paralelă (f)	[para'lelə]
equator	ecuator (n)	[ekua'tor]

sky	cer (n)	[ʧer]
horizon	orizont (n)	[ori'zont]
air	aer (n)	['aer]

lighthouse	far (n)	[far]
to dive (vi)	a se scufunda	[a se skufun'da]
to sink (ab. boat)	a se duce la fund	[a se duʧe ʎa fund]
treasures	comoară (f)	[komo'arə]

78. Seas & Oceans names

Atlantic Ocean	Oceanul (n) Atlantic	[oʧe'anul at'lantik]
Indian Ocean	Oceanul (n) Indian	[o'ʧanul indi'an]
Pacific Ocean	Oceanul (n) Pacific	[o'ʧanul pa'ʧifik]
Arctic Ocean	Oceanul (n) Îngheţat de Nord	[o'ʧanul iŋe'ʦat de nord]

Black Sea	Marea (f) Neagră	['marᵊa 'ɲagrə]
Red Sea	Marea (f) Roşie	['marᵊa 'roʃie]
Yellow Sea	Marea (f) Galbenă	['marᵊa 'galbenə]
White Sea	Marea (f) Albă	['marᵊa 'albə]

Caspian Sea	Marea (f) Caspică	['marᵊa 'kaspikə]
Dead Sea	Marea (f) Moartă	['marᵊa mo'artə]
Mediterranean Sea	Marea (f) Mediterană	['marᵊa medite'ranə]

| Aegean Sea | Marea (f) Egee | ['marᵊa e'dʒe:] |
| Adriatic Sea | Marea (f) Adriatică | ['marᵊa adri'atikə] |

Arabian Sea	Marea (f) Arabiei	['marᵊa a'rabiej]
Sea of Japan	Marea (f) Japoneză	['marᵊa ʒapo'nezə]
Bering Sea	Marea (f) Bering	['marᵊa 'beriŋ]
South China Sea	Marea (f) Chinei de Sud	['marᵊa 'kinej de sud]

| Coral Sea | Marea (f) Coral | ['marᵊa ko'ral] |
| Tasman Sea | Marea (f) Tasmaniei | ['marᵊa tas'maniej] |

Caribbean Sea	Marea (f) Caraibelor	['marıa kara'ibelor]
Barents Sea	Marea (f) Barents	['marıa ba'rents]
Kara Sea	Marea (f) Kara	['marıa 'kara]

North Sea	Marea (f) Nordului	['marıa 'norduluj]
Baltic Sea	Marea (f) Baltică	['marıa 'baltikə]
Norwegian Sea	Marea (f) Norvegiei	['marıa nor'wedʒiej]

79. Mountains

mountain	munte (m)	['munte]
mountain range	lanţ (n) muntos	[lants mun'tos]
mountain ridge	lanţ (n) de munţi	[lants de munts]

summit, top	vârf (n)	[vırf]
peak	culme (f)	['kuʎmə]
foot (of mountain)	poale (f pl)	[po'ale]
slope (mountainside)	pantă (f)	['pantə]

volcano	vulcan (n)	[vul'kan]
active volcano	vulcan (n) activ	[vul'kan ak'tiv]
dormant volcano	vulcan (n) stins	[vul'kan stins]

eruption	erupţie (f)	[e'ruptsie]
crater	crater (n)	['krater]
magma	magmă (f)	['magmə]

| lava | lavă (f) | ['lavə] |
| molten (~ lava) | încins | [ın'tʃins] |

canyon	canion (n)	[kani'on]
gorge	defileu (n)	[defi'leu]
crevice	pas (n)	[pas]

| pass, col | trecătoare (f) | [trekəto'are] |
| plateau | podiş (n) | [po'diʃ] |

| cliff | stâncă (f) | ['stıŋkə] |
| hill | deal (n) | [dıal] |

| glacier | gheţar (m) | [ge'tsar] |
| waterfall | cascadă (f) | [kas'kadə] |

| geyser | gheizer (m) | ['gejzer] |
| lake | lac (n) | [lak] |

plain	şes (n)	[ʃes]
landscape	peisaj (n)	[pej'saʒ]
echo	ecou (n)	[e'kou]

alpinist	alpinist (m)	[alpi'nist]
rock climber	alpinist (m)	[alpi'nist]
to conquer (in climbing)	a cuceri	[a kutʃe'ri]
climb (an easy ~)	ascensiune (f)	[astʃensi'une]

80. Mountains names

Alps	**Alpi** (m pl)	['alpʲ]
Mont Blanc	**Mont Blanc** (m)	['mont 'blan]
Pyrenees	**Pirinei** (m)	[piri'nej]
Carpathians	**Carpaţi** (m pl)	[kar'paʦ]
Ural Mountains	**Munţii** (m pl) **Ural**	['munʦij u'ral]
Caucasus	**Caucaz** (m)	[kau'kaz]
Elbrus	**Elbrus** (m)	['elbrus]
Altai	**Altai** (m)	[al'taj]
Tien Shan	**Tian-Şan** (m)	['tʲan 'ʃan]
Pamir Mountains	**Pamir** (m)	[pa'mir]
Himalayas	**Himalaya**	[hima'laja]
Everest	**Everest** (m)	[ewe'rest]
Andes	**Anzi**	['anzʲ]
Kilimanjaro	**Kilimanjaro** (m)	[kiliman'ʒaro]

81. Rivers

river	**râu** (n)	['rɪu]
spring (natural source)	**izvor** (n)	[iz'vor]
riverbed	**matcă** (f)	['matkə]
basin	**bazin** (n)	[ba'zin]
to flow into ...	**a se vărsa**	[a se vər'sa]
tributary	**afluent** (m)	[aflu'ent]
bank (of river)	**mal** (n)	[mal]
current, stream	**curs** (n)	[kurs]
downstream (adv)	**în josul apei**	[ɪn 'ʒosul 'apej]
upstream (adv)	**în susul apei**	[ɪn 'susul 'apej]
flood	**inundaţie** (f)	[inun'datsie]
flooding	**revărsare** (f) **a apelor**	[rever'sare a 'apelor]
to overflow (vi)	**a se revărsa**	[a se rever'sa]
to flood (vt)	**a inunda**	[a inun'da]
shallows (shoal)	**banc** (n) **de nisip**	[baŋk de ni'sip]
rapids	**prag** (n)	[prag]
dam	**baraj** (n)	[ba'raʒ]
canal	**canal** (n)	[ka'nal]
reservoir (artificial lake)	**bazin** (n)	[ba'zin]
sluice, lock	**ecluză** (f)	[ek'luzə]
water body (pond, etc.)	**bazin** (n)	[ba'zin]
swamp, bog	**mlaştină** (f)	['mlaʃtinə]
marsh	**mlaştină** (f)	['mlaʃtinə]
whirlpool	**vârtej** (n) **de apă**	[vɪr'teʒ de 'apə]
stream (brook)	**pârâu** (n)	[pɪ'rɪu]

| drinking (ab. water) | **potabil** | [po'tabil] |
| fresh (~ water) | **nesărat** | [nesə'rat] |

| ice | **gheață** (f) | ['gʲatsə] |
| to ice over | **a îngheța** | [a ɪŋe'tsa] |

82. Rivers names

| Seine | **Sena** (f) | ['sena] |
| Loire | **Loara** (f) | [lo'ara] |

Thames	**Tamisa** (f)	[ta'misa]
Rhine	**Rin** (m)	[rin]
Danube	**Dunăre** (f)	['dunəre]

Volga	**Volga** (f)	['volga]
Don	**Don** (m)	[don]
Lena	**Lena** (f)	['lena]

Yellow River	**Huang He** (m)	[huan'he]
Yangtze	**Yangtze** (m)	[jants'zɪ]
Mekong	**Mekong** (m)	[me'kon]
Ganges	**Gang** (m)	[gaŋ]

Nile	**Nil** (m)	[nil]
Congo	**Congo** (m)	['koŋo]
Okavango	**Okavango** (m)	[oka'vaŋo]
Zambezi	**Zambezi** (m)	[zam'bezi]
Limpopo	**Limpopo** (m)	[limpo'po]
Mississippi River	**Mississippi** (m)	[misi'sipi]

83. Forest

| forest | **pădure** (f) | [pə'dure] |
| forest (as adj) | **de pădure** | [de pə'dure] |

thick forest	**desiş** (n)	[de'siʃ]
grove	**pădurice** (f)	[pədu'ritʃe]
clearing	**poiană** (f)	[po'janə]

| thicket | **tufiş** (n) | [tu'fiʃ] |
| scrubland | **arbust** (m) | [ar'bust] |

| footpath | **cărare** (f) | [kə'rare] |
| gully | **râpă** (f) | ['rɪpə] |

tree	**copac** (m)	[ko'pak]
leaf	**frunză** (f)	['frunzə]
leaves	**frunziş** (n)	[frun'ziʃ]

| falling leaves | **cădere** (f) **a frunzelor** | [kə'dere a 'frunzelor] |
| to fall (ab. leaves) | **a cădea** | [a kə'dʲa] |

top (of the tree)	vârf (n)	[vɪrf]
branch	ramură (f)	['ramurə]
bough	creangă (f)	['krʲaŋə]
bud (on shrub, tree)	mugur (m)	['mugur]
needle (of pine tree)	ac (n)	[ak]
fir cone	con (n)	[kon]

hollow (in a tree)	scorbură (f)	['skorburə]
nest	cuib (n)	[kujb]
burrow (animal hole)	vizuină (f)	[wizu'inə]

trunk	trunchi (n)	[truŋkʲ]
root	rădăcină (f)	[rədə'ʧinə]
bark	scoarţă (f)	[sko'artsə]
moss	muşchi (m)	[muʃkʲ]

to uproot (vt)	a defrişa	[a defri'ʃa]
to chop down	a tăia	[a tə'ja]
to deforest (vt)	a doborî	[a dobo'rɪ]
tree stump	buturugă (f)	[butu'rugə]

campfire	foc (n)	[fok]
forest fire	incendiu (n)	[in'ʧendiu]
to extinguish (vt)	a stinge	[a 'stindʒe]

forest ranger	pădurar (m)	[pədu'rar]
protection	protecţie (f)	[pro'tektsie]
to protect (~ nature)	a ocroti	[a okro'ti]
poacher	braconier (m)	[brakoni'er]
trap (e.g. bear ~)	capcană (f)	[kap'kanə]

to gather, to pick (vt)	a strânge	[a 'strɪndʒe]
to lose one's way	a se rătăci	[a se rətə'ʧi]

84. Natural resources

natural resources	resurse (f pl) naturale	[re'surse natu'rale]
minerals	bogăţii (f pl) minerale	[bogə'tsij mine'rale]
deposits	zăcământ (n)	[zəkə'mɪnt]
field (e.g. oilfield)	zăcământ (n)	[zəkə'mɪnt]

to mine (extract)	a extrage	[a ekst'radʒe]
mining (extraction)	obţinere (f)	[ob'tsinere]
ore	minereu (n)	[mine'reu]
mine (e.g. for coal)	mină (f)	['minə]
mine shaft, pit	mină (f)	['minə]
miner	miner (m)	[mi'ner]

gas	gaz (n)	[gaz]
gas pipeline	conductă (f) de gaze	[kon'duktə de 'gaze]

oil (petroleum)	petrol (n)	[pet'rol]
oil pipeline	conductă (f) de petrol	[kon'duktə de pet'rol]
oil rig	sondă (f) de ţiţei (n)	['sondə de tsi'tsej]

| derrick | turlă (f) de foraj | ['turlə de fo'raʒ] |
| tanker | tanc (n) petrolier | ['taŋk petroli'er] |

sand	nisip (n)	[ni'sip]
limestone	calcar (n)	[kal'kar]
gravel	pietriş (n)	[pet'riʃ]
peat	turbă (f)	['turbə]
clay	argilă (f)	[ar'dʒilə]
coal	cărbune (m)	[kər'bune]

iron	fier (m)	[fer]
gold	aur (n)	['aur]
silver	argint (n)	[ar'dʒint]
nickel	nichel (n)	['nikel]
copper	cupru (n)	['kupru]

zinc	zinc (n)	[ziŋk]
manganese	mangan (n)	[ma'ŋan]
mercury	mercur (n)	[mer'kur]
lead	plumb (n)	[plumb]

mineral	mineral (n)	[mine'ral]
crystal	cristal (n)	[kris'tal]
marble	marmură (f)	['marmurə]
uranium	uraniu (n)	[u'raniu]

85. Weather

weather	timp (n)	[timp]
weather forecast	prognoză (f) meteo	[prog'nozə 'meteo]
temperature	temperatură (f)	[tempera'turə]
thermometer	termometru (n)	[termo'metru]
barometer	barometru (n)	[baro'metru]

humidity	umiditate (f)	[umidi'tate]
heat (of summer)	caniculă (f)	[ka'nikulə]
hot (torrid)	fierbinte	[fjer'binte]
it's hot	e foarte cald	[e fo'arte kald]

| it's warm | e cald | [e kald] |
| warm (moderately hot) | cald | [kald] |

| it's cold | e frig | [e frig] |
| cold (adj) | rece | ['retʃe] |

sun	soare (n)	[so'are]
to shine (vi)	a străluci	[a strəlu'tʃi]
sunny (day)	însorit	[ɪnso'rit]
to come up (vi)	a răsări	[a rəsə'ri]
to set (vi)	a apune	[a a'pune]

cloud	nor (m)	[nor]
cloudy (adj)	înnorat	[ɪŋo'rat]
rain cloud	nor (m)	[nor]

somber (gloomy)	**mohorât**	[moho'rɨt]
rain	**ploaie** (f)	[plo'ae]
it's raining	**plouă**	['plouə]
rainy (day)	**ploios**	[ploøs]
to drizzle (vi)	**a bura**	[a bu'ra]
pouring rain	**ploaie** (f) **torenţială**	[plo'ae torentsi'alə]
downpour	**rupere** (f) **de nori**	['rupere de 'norʲ]
heavy (e.g. ~ rain)	**puternic**	[pu'ternik]
puddle	**băltoacă** (f)	[bəlto'akə]
to get wet (in rain)	**a se uda**	[a se u'da]
mist (fog)	**ceaţă** (f)	['tʃatsə]
misty (adj)	**ceţos**	[tʃe'tsos]
snow	**zăpadă** (f)	[zə'padə]
it's snowing	**ninge**	['nindʒe]

86. Severe weather. Natural disasters

thunderstorm	**furtună** (f)	[fur'tunə]
lightning (~ strike)	**fulger** (n)	['fuldʒer]
to flash (vi)	**a fulgera**	[a fuldʒe'ra]
thunder	**tunet** (n)	['tunet]
to thunder (vi)	**a tuna**	[a tu'na]
it's thundering	**tună**	['tunə]
hail	**grindină** (f)	[grin'dinə]
it's hailing	**plouă cu gheaţă**	['plouə ku 'gʲatsə]
to flood (vt)	**a inunda**	[a inun'da]
flood	**inundaţie** (f)	[inun'datsie]
earthquake	**cutremur** (n)	[kut'remur]
tremor, quake	**zguduire** (f)	[zgudu'ire]
epicentre	**epicentru** (m)	[epi'tʃentru]
eruption	**erupţie** (f)	[e'ruptsie]
lava	**lavă** (f)	['lavə]
twister	**vârtej** (n)	[vɨr'teʒ]
tornado	**tornadă** (f)	[tor'nadə]
typhoon	**taifun** (n)	[taj'fun]
hurricane	**uragan** (m)	[ura'gan]
storm	**furtună** (f)	[fur'tunə]
tsunami	**tsunami** (n)	[tsu'nami]
cyclone	**ciclon** (m)	[tʃik'lon]
bad weather	**vreme** (f) **rea**	['vreme 'rʲa]
fire (accident)	**incendiu** (n)	[in'tʃendiu]
disaster	**catastrofă** (f)	[katast'rofə]
meteorite	**meteorit** (m)	[meteo'rit]
avalanche	**avalanşă** (f)	[ava'lanʃə]

snowslide	**prăbuşire** (f)	[prəbu'ʃire]
blizzard	**viscol** (n)	['wiskol]
snowstorm	**viscol** (n)	['wiskol]

FAUNA

87. Mammals. Predators

predator	**prădător** (n)	[prədə'tor]
tiger	**tigru** (m)	['tigru]
lion	**leu** (m)	['leu]
wolf	**lup** (m)	[lup]
fox	**vulpe** (f)	['vulpe]

jaguar	**jaguar** (m)	[ʒagu'ar]
leopard	**leopard** (m)	[leo'pard]
cheetah	**ghepard** (m)	[ge'pard]

black panther	**panteră** (f)	[pan'terə]
puma	**pumă** (f)	['pumə]
snow leopard	**ghepard** (m)	[ge'pard]
lynx	**râs** (m)	[rɪs]

coyote	**coiot** (m)	[koøt]
jackal	**şacal** (m)	[ʃa'kal]
hyena	**hienă** (f)	[hi'enə]

88. Wild animals

animal	**animal** (n)	[ani'mal]
beast (animal)	**animal** (n) **sălbatic**	[ani'mal səl'batik]

squirrel	**veveriţă** (f)	[wewe'ritsə]
hedgehog	**arici** (m)	[a'ritʃ]
hare	**iepure** (m)	['epure]
rabbit	**iepure** (m) **de casă**	['epure de 'kasə]

badger	**bursuc** (m)	[bur'suk]
raccoon	**enot** (m)	[e'not]
hamster	**hârciog** (m)	[hɪr'tʃog]
marmot	**marmotă** (f)	[mar'motə]

mole	**cârtiţă** (f)	['kɪrtitsə]
mouse	**şoarece** (m)	[ʃo'aretʃe]
rat	**şobolan** (m)	[ʃobo'lan]
bat	**liliac** (m)	[lili'ak]

ermine	**hermină** (f)	[her'minə]
sable	**samur** (m)	[sa'mur]
marten	**jder** (m)	[ʒder]
weasel	**nevăstuică** (f)	[nevəs'tujkə]
mink	**nurcă** (f)	['nurkə]

| beaver | castor (m) | ['kastor] |
| otter | vidră (f) | ['widrə] |

horse	cal (m)	[kal]
moose	elan (m)	[e'lan]
deer	cerb (m)	[tʃerb]
camel	cămilă (f)	[kə'milə]

bison	bizon (m)	[bi'zon]
aurochs	zimbru (m)	['zimbru]
buffalo	bivol (m)	['bivol]

zebra	zebră (f)	['zebrə]
antelope	antilopă (f)	[anti'lopə]
roe deer	căprioară (f)	[kəprio'arə]
fallow deer	ciută (f)	['tʃutə]
chamois	capră (f) neagră	['kaprə 'ɲagrə]
wild boar	mistreţ (m)	[mist'rets]

whale	balenă (f)	[ba'lenə]
seal	focă (f)	['fokə]
walrus	morsă (f)	['morsə]
fur seal	urs (m) de mare	[urs de 'mare]
dolphin	delfin (m)	[del'fin]

bear	urs (m)	[urs]
polar bear	urs (m) polar	[urs po'lar]
panda	panda (m)	['panda]

monkey	maimuţă (f)	[maj'mutsə]
chimpanzee	cimpanzeu (m)	[tʃimpan'zeu]
orangutan	urangutan (m)	[uraɲu'tan]
gorilla	gorilă (f)	[go'rilə]
macaque	macac (m)	[ma'kak]
gibbon	gibon (m)	[dʒi'bon]

elephant	elefant (m)	[ele'fant]
rhinoceros	rinocer (m)	[rino'tʃer]
giraffe	girafă (f)	[dʒi'rafə]
hippopotamus	hipopotam (m)	[hipopo'tam]

| kangaroo | cangur (m) | ['kaɲur] |
| koala (bear) | koala (f) | [ko'ala] |

mongoose	mangustă (f)	[ma'ɲustə]
chinchilla	şinşilă (f)	[ʃin'ʃilə]
skunk	sconcs (m)	[skoɲks]
porcupine	porc (m) spinos	[pork spi'nos]

89. Domestic animals

cat	pisică (f)	[pi'sikə]
tomcat	motan (m)	[mo'tan]
horse	cal (m)	[kal]

| stallion | armăsar (m) | [arme'sar] |
| mare | iapă (f) | ['japə] |

cow	vacă (f)	['vakə]
bull	taur (m)	['taur]
ox	bou (m)	['bou]

sheep	oaie (f)	[o'ae]
ram	berbec (m)	[ber'bek]
goat	capră (f)	['kaprə]
billy goat, he-goat	ţap (m)	[tsap]

| donkey | măgar (m) | [mə'gar] |
| mule | catâr (m) | [ka'tır] |

pig	porc (m)	[pork]
piglet	purcel (m)	[pur'tʃel]
rabbit	iepure (m) de casă	['epure de 'kasə]

| hen (chicken) | găină (f) | [gə'inə] |
| cock | cocoş (m) | [ko'koʃ] |

duck	raţă (f)	['ratsə]
drake	răţoi (m)	[rə'tsoj]
goose	gâscă (f)	['gıskə]

| stag turkey | curcan (m) | [kur'kan] |
| turkey (hen) | curcă (f) | ['kurkə] |

domestic animals	animale (n pl) domestice	[ani'male do'mestitʃe]
tame (e.g. ~ hamster)	domestic	[do'mestik]
to tame (vt)	a domestici	[a domesti'tʃi]
to breed (vt)	a creşte	[a 'kreʃte]

farm	fermă (f)	['fermə]
poultry	păsări (f pl) de curte	[pəsərʲ de 'kurte]
cattle	vite (f pl)	['wite]
herd (cattle)	turmă (f)	['turmə]

stable	grajd (n)	[graʒd]
pigsty	cocină (f) de porci	[ko'tʃine de 'portʃ]
cowshed	grajd (n) pentru vaci	['graʒd 'pentru 'vatʃ]
rabbit hutch	cuşcă (f) pentru iepuri	['kuʃkə 'pentru 'epurʲ]
hen house	coteţ (n) de găini	[ko'tets de gə'iɲ]

90. Birds

bird	pasăre (f)	['pasere]
pigeon	porumbel (m)	[porum'bel]
sparrow	vrabie (f)	['vrabie]
tit	piţigoi (m)	[pitsi'goj]
magpie	coţofană (f)	[kotso'fane]
raven	corb (m)	[korb]
crow	cioară (f)	[tʃo'are]

jackdaw	stancă (f)	['staŋkə]
rook	cioară (f) de câmp	[ʧo'arə de 'kɪmp]
duck	rață (f)	['raʦə]
goose	gâscă (f)	['gɪskə]
pheasant	fazan (m)	[fa'zan]
eagle	acvilă (f)	['akwilə]
hawk	uliu (m)	['uly]
falcon	șoim (m)	[ʃojm]
vulture	vultur (m)	['vuʎtur]
condor	condor (m)	[kon'dor]
swan	lebădă (f)	['lebədə]
crane	cocor (m)	[ko'kor]
stork	cocostârc (m)	[kokos'tɪrk]
parrot	papagal (m)	[papa'gal]
hummingbird	pasărea (f) colibri	['pasərʲa ko'libri]
peacock	păun (m)	[pə'un]
ostrich	struț (m)	[struʦ]
heron	stârc (m)	[stɪrk]
flamingo	flamingo (m)	[fla'miŋo]
pelican	pelican (m)	[peli'kan]
nightingale	privighetoare (f)	[priwigeto'are]
swallow	rândunică (f)	[rɪndu'nikə]
thrush	mierlă (f)	['merlə]
song thrush	sturz-cântător (m)	[sturz kɪntə'tor]
blackbird	mierlă (f) sură	['merlə 'surə]
swift	lăstun (m)	[ləs'tun]
lark	ciocârlie (f)	[ʧokɪr'lie]
quail	prepeliță (f)	[prepe'liʦə]
woodpecker	ciocănitoare (f)	[ʧokənito'are]
cuckoo	cuc (m)	[kuk]
owl	bufniță (f)	['bufniʦə]
eagle owl	bufniță (f)	['bufniʦə]
wood grouse	cocoș (m) de munte	[ko'koʃ de 'munte]
black grouse	cocoș (m) sălbatic	[ko'koʃ səlba'tik]
partridge	potârniche (f)	[potɪr'nike]
starling	graur (m)	['graur]
canary	canar (m)	[ka'nar]
hazel grouse	găinușă de alun (f)	[gəi'nuʃə de a'lun]
chaffinch	cinteză (f)	[ʧin'tezə]
bullfinch	botgros (m)	[botg'ros]
seagull	pescăruș (m)	[peskə'ruʃ]
albatross	albatros (m)	[albat'ros]
penguin	pinguin (m)	[pigu'in]

91. Fish. Marine animals

bream	plătică (f)	[pleˈtikə]
carp	crap (m)	[krap]
perch	biban (m)	[biˈban]
catfish	somn (m)	[somn]
pike	ştiucă (f)	[ˈʃtykə]

salmon	somon (m)	[soˈmon]
sturgeon	nisetru (m)	[niˈsetru]

herring	scrumbie (f)	[skrumˈbie]
Atlantic salmon	somon (m)	[soˈmon]
mackerel	macrou (n)	[makˈrou]
flatfish	cambulă (f)	[kamˈbulə]

zander, pike perch	şalău (m)	[ʃaləu]
cod	batog (m)	[baˈtog]
tuna	ton (m)	[ton]
trout	păstrăv (m)	[pəstˈrəv]

eel	ţipar (m)	[tsiˈpar]
electric ray	peşte-torpilă (m)	[ˈpeʃte torˈpilə]
moray eel	murenă (f)	[muˈrenə]
piranha	piranha (f)	[piˈranija]

shark	rechin (m)	[reˈkin]
dolphin	delfin (m)	[delˈfin]
whale	balenă (f)	[baˈlenə]

crab	crab (m)	[krab]
jellyfish	meduză (f)	[meˈduzə]
octopus	caracatiţă (f)	[karaˈkatitsə]

starfish	stea de mare (f)	[stʲa de ˈmare]
sea urchin	arici de mare (m)	[aˈritʃ de ˈmare]
seahorse	căluţ (m) de mare (f)	[kaˈluts de ˈmare]

oyster	stridie (f)	[ˈstridie]
prawn	crevetă (f)	[kreˈwetə]
lobster	stacoj (m)	[staˈkoʒ]
spiny lobster	langustă (f)	[laˈŋustə]

92. Amphibians. Reptiles

snake	şarpe (m)	[ˈʃarpe]
venomous (snake)	veninos	[weniˈnos]

viper	viperă (f)	[ˈwiperə]
cobra	cobră (f)	[ˈkobrə]
python	piton (m)	[piˈton]
boa	şarpe (m) boa	[ˈʃarpe boˈa]
grass snake	şarpe (m) de casă	[ˈʃarpe de ˈkasə]

| rattle snake | şarpe (m) cu clopoţei | [ˈʃarpe ku klopoˈtsej] |
| anaconda | anacondă (f) | [anaˈkondə] |

lizard	şopârlă (f)	[ʃoˈpɪrlə]
iguana	iguană (f)	[iguˈanə]
monitor lizard	şopârlă (f)	[ʃoˈpɪrlə]
salamander	salamandră (f)	[salaˈmandrə]
chameleon	cameleon (m)	[kameleˈon]
scorpion	scorpion (m)	[skorpiˈon]

turtle	broască (f) ţestoasă	[broˈaskə tsestoˈasə]
frog	broască (f)	[broˈaskə]
toad	broască (f) râioasă	[broˈaskə rɪøˈasə]
crocodile	crocodil (m)	[krokoˈdil]

93. Insects

insect	insectă (f)	[inˈsektə]
butterfly	fluture (m)	[ˈfluture]
ant	furnică (f)	[furˈnikə]
fly	muscă (f)	[ˈmuskə]
mosquito	ţânţar (m)	[tsɪnˈtsar]
beetle	gândac (m)	[gɪnˈdak]

wasp	viespe (f)	[ˈwespe]
bee	albină (f)	[alˈbinə]
bumblebee	bondar (m)	[bonˈdar]
gadfly	tăun (m)	[təˈun]

| spider | păianjen (m) | [pəˈjanʒen] |
| spider's web | pânză (f) de păianjen | [ˈpɪnzə de pəˈjanʒen] |

dragonfly	libelulă (f)	[libeˈlulə]
grasshopper	greier (m)	[ˈgreːr]
moth (night butterfly)	fluture (m)	[ˈfluture]

cockroach	gândac (m)	[gɪnˈdak]
tick	căpuşă (f)	[kəˈpuʃə]
flea	purice (m)	[ˈpuritʃe]
midge	musculiţă (f)	[muskuˈlitsə]

locust	lăcustă (f)	[ləˈkustə]
snail	melc (m)	[melk]
cricket	greier (m)	[ˈgreːr]
firefly	licurici (m)	[likuˈritʃ]
ladybird	buburuză (f)	[bubuˈruzə]
cockchafer	cărăbuş (m)	[kərəˈbuʃ]

leech	lipitoare (f)	[lipitoˈare]
caterpillar	omidă (f)	[oˈmidə]
earthworm	vierme (m)	[ˈwerme]
larva	larvă (f)	[ˈlarvə]

FLORA

94. Trees

tree	**copac** (m)	[ko'pak]
deciduous (adj)	**foios**	[foøs]
coniferous (adj)	**conifer**	[koni'fere]
evergreen (adj)	**veşnic verde**	['weʃnik 'werde]
apple tree	**măr** (m)	[mər]
pear tree	**păr** (m)	[pər]
sweet cherry tree	**cireş** (m)	[tʃi'reʃ]
sour cherry tree	**vişin** (m)	['wiʃin]
plum tree	**prun** (m)	[prun]
. birch	**mesteacăn** (m)	[mes'tʲakən]
oak	**stejar** (m)	[ste'ʒar]
linden tree	**tei** (m)	[tej]
aspen	**plop tremurător** (m)	['plop tremurə'tor]
maple	**arţar** (m)	[ar'tsar]
spruce	**brad** (m)	[brad]
pine	**pin** (m)	[pin]
larch	**zadă** (f)	['zadə]
fir	**brad** (m) **alb**	['brad 'alb]
cedar	**cedru** (m)	['tʃedru]
poplar	**plop** (m)	[plop]
rowan	**sorb** (m)	[sorb]
willow	**salcie** (f)	['saltʃie]
alder	**arin** (m)	[a'rin]
beech	**fag** (m)	[fag]
elm	**ulm** (m)	[ulm]
ash (tree)	**frasin** (m)	['frasin]
chestnut	**castan** (m)	[kas'tan]
magnolia	**magnolie** (f)	[mag'nolie]
palm tree	**palmier** (m)	[palmi'er]
cypress	**chiparos** (m)	[kipa'ros]
mangrove	**manglier** (m)	[maŋli'er]
baobab	**baobab** (m)	[bao'bab]
eucalyptus	**eucalipt** (m)	[euka'lipt]
sequoia	**secvoia** (m)	[sek'voja]

95. Shrubs

bush	**tufă** (f)	['tufə]
shrub	**arbust** (m)	[ar'bust]

grapevine	viță (f) de vie	['witsə de 'wie]
vineyard	vie (f)	['wie]
raspberry bush	zmeură (f)	['zmeurə]
redcurrant bush	coacăz (m) roşu	[ko'akəz 'roʃu]
gooseberry bush	agriş (m)	[ag'riʃ]

acacia	salcâm (m)	[sal'kɪm]
barberry	lemn (m) galben	['lemn 'galben]
jasmine	iasomie (f)	[jaso'mie]
juniper	ienupăr (m)	[e'nupər]
rosebush	tufă (f) de trandafir	['tufə de tranda'fir]
dog rose	măceş (m)	[mə'tʃeʃ]

96. Fruits. Berries

apple	măr (n)	[mər]
pear	pară (f)	['parə]
plum	prună (f)	['prunə]

strawberry	căpşună (f)	[kəp'ʃunə]
sour cherry	vişină (f)	['wiʃinə]
sweet cherry	cireaşă (f)	[tʃi'raʃə]
grape	struguri (m pl)	['struguri]

raspberry	zmeură (f)	['zmeurə]
blackcurrant	coacăză (f) neagră	[ko'akəzə 'ɲagrə]
redcurrant	coacăză (f) roşie	[ko'akəzə 'roʃie]
gooseberry	agrişă (f)	[ag'riʃə]
cranberry	răchiţele (f pl)	[rəki'tsele]

orange	portocală (f)	[porto'kalə]
tangerine	mandarină (f)	[manda'rinə]
pineapple	ananas (m)	[ana'nas]
banana	banană (f)	[ba'nanə]
date	curmală (f)	[kur'malə]

lemon	lămâie (f)	[lə'mie]
apricot	caisă (f)	[ka'isə]
peach	piersică (f)	['pjersikə]
kiwi	kiwi (n)	['kiwi]
grapefruit	grepfrut (n)	['grepfrut]

berry	boabă (f)	[bo'abə]
berries	fructe (n pl) de pădure	['frukte de pə'dure]
cowberry	merişor (m)	[meri'ʃor]
wild strawberry	frag (m)	[frag]
bilberry	afină (f)	[a'finə]

97. Flowers. Plants

flower	floare (f)	[flo'are]
bouquet (of flowers)	buchet (n)	[bu'ket]

rose (flower)	trandafir (m)	[tranda'fir]
tulip	lalea (f)	[la'ʎa]
carnation	garoafă (f)	[garo'afə]
gladiolus	gladiolă (f)	[gladi'olə]
cornflower	albăstrea (f)	[albəst'rʲa]
bluebell	clopoţel (m)	[klopo'tsel]
dandelion	păpădie (f)	[pəpə'die]
camomile	romaniţă (f)	[roma'nitsə]
aloe	aloe (f)	[a'loe]
cactus	cactus (m)	['kaktus]
rubber plant	ficus (m)	['fikus]
lily	crin (m)	[krin]
geranium	muşcată (f)	[muʃ'katə]
hyacinth	zambilă (f)	[zam'bilə]
mimosa	mimoză (f)	[mi'mozə]
narcissus	narcisă (f)	[nar'tʃise]
nasturtium	condurul-doamnei (m)	[kon'durul do'amnej]
orchid	orhidee (f)	[orhi'de:]
peony	bujor (m)	[bu'ʒor]
violet	toporaş (m)	[topo'raʃ]
pansy	pansele (f)	[pan'sele]
forget-me-not	nu-mă-uita (f)	[nu mə uj'ta]
daisy	margaretă (f)	[marga'retə]
poppy	mac (m)	[mak]
hemp	cânepă (f)	['kɪnepə]
mint	mentă (f)	['mentə]
lily of the valley	lăcrămioară (f)	[ləkrəmʲo'arə]
snowdrop	ghiocel (m)	[gio'tʃel]
nettle	urzică (f)	[ur'zikə]
sorrel	măcriş (m)	[mək'riʃ]
water lily	nufăr (m)	['nufər]
fern	ferigă (f)	['ferigə]
lichen	lichen (m)	[li'ken]
tropical glasshouse	seră (f)	['serə]
grass lawn	gazon (n)	[ga'zon]
flowerbed	strat (n) de flori	['strat de 'florʲ]
plant	plantă (f)	['plantə]
grass	iarbă (f)	['jarbə]
blade of grass	fir (n) de iarbă	[fir de 'jarbə]
leaf	frunză (f)	['frunzə]
petal	petală (f)	[pe'tale]
stem	tulpină (f)	[tul'pinə]
tuber	tubercul (m)	[tu'berkul]
young plant (shoot)	mugur (m)	['mugur]

thorn	**ghimpe** (m)	['gimpe]
to blossom (vi)	**a înflori**	[a ɪnflo'ri]
to fade, to wither	**a se ofili**	[a se ofe'li]
smell (odour)	**miros** (n)	[mi'ros]
to cut (flowers)	**a tăia**	[a tə'ja]
to pick (a flower)	**a rupe**	[a 'rupe]

98. Cereals, grains

grain	**grăunțe** (n pl)	[grə'untse]
cereals (plants)	**cereale** (f pl)	[tʃere'ale]
ear (of barley, etc.)	**spic** (n)	[spik]
wheat	**grâu** (n)	['grɪu]
rye	**secară** (f)	[se'karə]
oats	**ovăz** (n)	[ovəz]
millet	**mei** (m)	[mej]
barley	**orz** (n)	[orz]
maize	**porumb** (m)	[po'rumb]
rice	**orez** (n)	[o'rez]
buckwheat	**hrișcă** (f)	['hriʃkə]
pea	**mazăre** (f)	['mazəre]
kidney bean	**fasole** (f)	[fa'sole]
soya	**soia** (f)	['soja]
lentil	**linte** (n)	['linte]
beans (broad ~)	**boabe** (f pl)	[bo'abe]

COUNTRIES OF THE WORLD

99. Countries. Part 1

Afghanistan	**Afganistan** (n)	[afganis'tan]
Albania	**Albania** (f)	[al'banija]
Argentina	**Argentina** (f)	[arʒen'tina]
Armenia	**Armenia** (f)	[ar'menia]
Australia	**Australia** (f)	[aust'ralija]
Austria	**Austria** (f)	[a'ustrija]
Azerbaijan	**Azerbaidjan** (m)	[azerbaj'dʒan]
The Bahamas	**Insulele** (f pl) **Bahamas**	['insulele ba'hamas]
Bangladesh	**Bangladeş** (m)	[baŋla'deʃ]
Belarus	**Belarus** (f)	[bela'rus]
Belgium	**Belgia** (f)	['beldʒia]
Bolivia	**Bolivia** (f)	[bo'liwija]
Bosnia-Herzegovina	**Bosnia şi Herţegovina** (f)	['bosnija ʃi herʦego'wina]
Brazil	**Brazilia** (f)	[bra'zilia]
Bulgaria	**Bulgaria** (f)	[bul'garia]
Cambodia	**Cambodgia** (f)	[kam'bodʒia]
Canada	**Canada** (f)	[ka'nada]
Chile	**Chile** (n)	['ʧile]
China	**China** (f)	['kina]
Colombia	**Columbia** (f)	[ko'lumbia]
Croatia	**Croaţia** (f)	[kro'atsia]
Cuba	**Cuba** (f)	['kuba]
Cyprus	**Cipru** (n)	['ʧipru]
The Czech Republic	**Cehia** (f)	['ʧehija]
Denmark	**Danemarca** (f)	[dane'marka]
Dominican Republic	**Republica** (f) **Dominicană**	[re'publika domini'kanə]
Ecuador	**Ecuador** (m)	[ekua'dor]
Egypt	**Egipt** (n)	[e'dʒipt]
England	**Anglia** (f)	['aŋlija]
Estonia	**Estonia** (f)	[es'tonia]
Finland	**Finlanda** (f)	[fin'landa]
France	**Franţa** (f)	['frantsa]
French Polynesia	**Polinezia** (f)	[poli'nezia]
Georgia	**Georgia** (f)	['dʒordʒija]
Germany	**Germania** (f)	[dʒer'manija]
Ghana	**Ghana** (f)	['gana]
Great Britain	**Marea Britanie** (f)	['marʲa bri'tanie]
Greece	**Grecia** (f)	['greʧia]
Haiti	**Haiti** (n)	[ha'iti]
Hungary	**Ungaria** (f)	[u'ŋaria]

100. Countries. Part 2

Iceland	Islanda (f)	[is'landa]
India	India (f)	['india]
Indonesia	Indonezia (f)	[indo'nezia]
Iran	Iran (n)	[i'ran]
Iraq	Irak (n)	[i'rak]
Ireland	Irlanda (f)	[ir'landa]
Israel	Israel (n)	[isra'el]
Italy	Italia (f)	[i'talia]
Jamaica	Jamaica (f)	[ʒa'majka]
Japan	Japonia (f)	[ʒa'ponia]
Jordan	Iordania (f)	[ør'danija]
Kazakhstan	Kazahstan (n)	[kazahs'tan]
Kenya	Kenia (f)	['kenija]
Kirghizia	Kîrgîzstan (m)	[kɪrgɪzɪs'tan]
Kuwait	Kuweit (n)	[kuwe'it]
Laos	Laos (n)	['laos]
Latvia	Letonia (f)	[le'tonia]
Lebanon	Liban (n)	[li'ban]
Libya	Libia (f)	['libia]
Liechtenstein	Liechtenstein (m)	[lihtenʃ'tajn]
Lithuania	Lituania (f)	[litu'ania]
Luxembourg	Luxemburg (m)	[luksem'burg]
Macedonia	Macedonia (f)	[matʃe'donija]
Madagascar	Madagascar (n)	[madagas'kar]
Malaysia	Malaezia (f)	[mala'ezia]
Malta	Malta (f)	['malta]
Mexico	Mexic (n)	['meksik]
Moldavia	Moldova (f)	[mol'dova]
Monaco	Monaco (m)	[mo'nako]
Mongolia	Mongolia (f)	[mo'ŋolia]
Montenegro	Muntenegru (m)	[munte'negru]
Morocco	Maroc (n)	[ma'rok]
Myanmar	Myanmar (m)	[mjan'mar]
Namibia	Namibia (f)	[na'mibia]
Nepal	Nepal (n)	[ne'pal]
Netherlands	Olanda (f)	[o'landa]
New Zealand	Noua Zeelandă (f)	['noua ze:'landə]
North Korea	Coreea (f) de Nord	[ko'reja de 'nord]
Norway	Norvegia (f)	[nor'wedʒia]

101. Countries. Part 3

Pakistan	Pakistan (n)	[pakis'tan]
Palestine	Palestina (f) autonomă	[pales'tina auto'nome]
Panama	Panama (f)	[pana'ma]
Paraguay	Paraguay (n)	[paragu'aj]

Peru	Peru (n)	['peru]
Poland	Polonia (f)	[po'lonia]
Portugal	Portugalia (f)	[portu'galia]
Romania	România (f)	[romɪnia]
Russia	Rusia (f)	['rusia]

Saudi Arabia	Arabia (f) Saudită	[a'rabia sau'ditə]
Scotland	Scoția (f)	['skotsia]
Senegal	Senegal (n)	[sene'gal]
Serbia	Serbia (f)	['serbija]
Slovakia	Slovacia (f)	[slo'vatʃia]
Slovenia	Slovenia (f)	[slo'wenia]

South Africa	Africa de Sud (f)	['afrika de sud]
South Korea	Coreea (f) de Sud	[ko'reja de 'sud]
Spain	Spania (f)	['spania]
Suriname	Surinam (n)	[suri'nam]
Sweden	Suedia (f)	[su'edia]
Switzerland	Elveția (f)	[el'wetsia]
Syria	Siria (f)	['sirija]

Taiwan	Taiwan (m)	[taj'van]
Tajikistan	Tadjikistan (m)	[tadʒikis'tan]
Tanzania	Tanzania (f)	[tan'zania]
Tasmania	Tasmania (f)	[tas'mania]
Thailand	Thailanda (f)	[taj'landa]
Tunisia	Tunisia (f)	[tu'nisia]
Turkey	Turcia (f)	['turtʃia]
Turkmenistan	Turkmenistan (n)	[turkmenis'tan]

Ukraine	Ucraina (f)	[ukra'ina]
United Arab Emirates	Emiratele (n pl) Arabe Unite	[emi'ratele a'rabe u'nite]
United States of America	Statele (n pl) Unite ale Americii	['statele u'nite 'ale a'meritʃij]
Uruguay	Uruguay (n)	[urugu'aj]
Uzbekistan	Uzbekistan (n)	[uzbekis'tan]

Vatican	Vatican (m)	[vati'kan]
Venezuela	Venezuela (f)	[wenezu'ela]
Vietnam	Vietnam (n)	[wiet'nam]
Zanzibar	Zanzibar (n)	[zanzi'bar]

13235790R00058

Printed in Poland
by Amazon Fulfillment
Poland Sp. z o.o., Wrocław